राज बगला के 12 काम: लाएंगे भगवती राज

अपना जीवन, समाज और भविष्य बदलने का शक्तिशाली मार्ग एक पुस्तक नहीं, युग परिवर्तन का संकल्प

विट्ठल कुमार ओझा

Made with ♥ on the Notion Press Platform
www.notionpress.com

समर्पण

उन सभी माताओं को,
जो अपने परिवार के लिए मौन तपस्या करती हैं।

उन सभी युवाओं को,
जिनके हृदय में केवल सफलता नहीं, परिवर्तन की आग जलती है।

उन सभी भूखे, पीड़ित, उपेक्षित और संघर्षरत लोगों को,
जिनकी वेदना ने इस पुस्तक को जन्म दिया।

उन सभी संतों, वीरों, ऋषियों और कर्मयोगियों को,
जिन्होंने भारत की आत्मा को जीवित रखा।

और
मां भगवती के श्रीचरणों में,
जिनकी कृपा से शक्ति, बुद्धि और संकल्प प्राप्त होता है।

यह पुस्तक समर्पित है
एक ऐसे भविष्य को,
जहाँ धरती पर भय नहीं, प्रेम हो...
अभाव नहीं, समृद्धि हो...
विभाजन नहीं, एकता हो...
और हर हृदय में दिव्यता का प्रकाश हो।

अब इसके बाद से राजबगला को एक उद्देश्य है। राजबगला कोई मात्र नाम नहीं है, यह भगवती राज की स्थापना और उसके निर्माण के लिए कहा गया एक शब्द है। इस शब्द के भीतर अत्यंत गहरी भावना और विशाल दृष्टि छिपी हुई है। उस गहराई को मैं अपनी क्षमता अनुसार समझाने का प्रयास करूँगा।

यह पुस्तक केवल राजबगला के बारह कार्यों की दिशा दिखाती है, परंतु इन बारह कार्यों को पूर्ण करने के लिए समाज में रहने वाले लोगों, युवाओं तथा अनेक

जागरूक व्यक्तियों के सहयोग की आवश्यकता है।

मैं अपने अल्प ज्ञान, सीमित सामर्थ्य और अपने भीतर जागी हुई ईश्वरीय प्रेरणा से, भारत माता पर बंधी उन बारह जंजीरों को तोड़ने, सनातन धर्म पर लगे बंधनों को समाप्त करने और पुनः भगवती राज के निर्माण का प्रयास कर रहा हूँ।

यह मेरा संकल्प और प्रयास है। मैं चाहता हूँ कि जो भी इस पुस्तक को पढ़े, वह इस संकल्प को अपने भीतर पुनः जीवित करे। क्योंकि जब यह संकल्प आपके हृदय में जागृत होगा, तभी यह महान कार्य संभव हो सकेगा।

यह पुस्तक भारत के एक सौ पचास करोड़ लोगों तथा इस विश्व के एक सौ बीस करोड़ से अधिक सनातनियों को समर्पित है।

यह पुस्तक प्रस्तुत करती है कि किस प्रकार हमारा भारत देश पीछे जा रहा है, और किस प्रकार उसे पुनः आगे बढ़ाकर महानता के शिखर तक ले जाया जा सकता है।

— विट्ठल कुमार ओझा

क्रम-सूची

क्रम-सूची

प्रस्तावना

प्रस्तावना

हर युग अपने साथ चुनौतियाँ लेकर आता है। कुछ युग ऐसे होते हैं जहाँ समाज समृद्ध होता है, और कुछ ऐसे जहाँ मनुष्य अपने ही बनाए संकटों से घिर जाता है। आज का समय भी वैसा ही है। साधन बढ़े हैं, पर संतोष घटा है। ज्ञान बढ़ा है, पर विवेक कम हुआ है। धन बढ़ा है, पर मन अशांत है। सुविधाएँ बढ़ी हैं, पर रिश्तों की गर्माहट घटती जा रही है।

ऐसे समय में केवल शिकायत करना समाधान नहीं है। समाज को नई दिशा देने के लिए विचार चाहिए, साहस चाहिए, और ऐसे संकल्प चाहिए जो केवल व्यक्ति नहीं, पूरी पीढ़ी को जगा सकें।

"राज बगला के 12 काम: लाएंगे भगवती राज" इसी संकल्प का नाम है। यह पुस्तक इक्कीस अध्यायों में उन बारह महान कार्यों की चर्चा करती है, जिन पर काम करके समाज को बदलने की शक्ति पैदा की जा सकती है। ये कार्य केवल योजनाएँ नहीं, बल्कि जीवन के मूल प्रश्नों के उत्तर हैं—पेड़, जल, भूख, भूमि, गरीबी, बीमारी, अशिक्षा, स्वच्छता, जीव सेवा, स्त्री शक्ति, सनातन जागरण और शक्ति चेतना।

"भगवती राज" का अर्थ किसी सत्ता परिवर्तन से नहीं है। इसका अर्थ है ऐसा समाज जहाँ भय कम हो, प्रेम अधिक हो; जहाँ कोई भूखा न सोए; जहाँ स्त्री सुरक्षित और सम्मानित हो; जहाँ धर्म का अर्थ केवल कर्मकांड नहीं, बल्कि सेवा, सत्य, साहस और करुणा हो।

यह पुस्तक युवाओं के लिए विशेष रूप से लिखी गई है। क्योंकि इतिहास गवाह है कि हर परिवर्तन युवा शक्ति ने ही किया है। जब युवा अपने समय की समस्याओं को अपना विषय बना लेते हैं, तब नया युग जन्म लेता है।

यह पुस्तक किसी के विरुद्ध नहीं, सबके उत्थान के लिए लिखी गई है।
यह क्रोध से नहीं, चेतना से लिखी गई है।
यह निराशा से नहीं, आशा से लिखी गई है।

यदि इस पुस्तक का एक अध्याय भी किसी हृदय में सेवा का संकल्प जगा दे, यदि एक युवा भी अपने जीवन का लक्ष्य केवल नौकरी नहीं, समाज निर्माण बना ले, यदि एक परिवार भी अपने घर में अनुशासन, प्रेम और संस्कार लौटा दे—तो यह प्रयास सफल होगा।

आइए, हम केवल समय के दर्शक न बनें।
आइए, हम इतिहास के निर्माता बनें।
आइए, हम अपने भीतर सोई शक्ति को जगाएँ।

क्योंकि शायद आने वाला युग उन्हीं का होगा, जो उठकर काम करेंगे।

— विट्ठल कुमार ओझा

भूमिका

कुछ पुस्तकें केवल पढ़ी जाती हैं।
कुछ पुस्तकें समय बिताने के लिए खरीदी जाती हैं।
कुछ पुस्तकें ज्ञान देती हैं।
पर कुछ पुस्तकें ऐसी भी होती हैं जो मनुष्य को भीतर से हिला देती हैं, उसकी नींद तोड़ देती हैं, उसके जीवन की दिशा बदल देती हैं।

यह पुस्तक उसी श्रेणी में आने का प्रयास है।

मनुष्य का सबसे बड़ा संकट बाहर नहीं, भीतर होता है। जब उसका मन छोटा हो जाता है, जब उसके सपने केवल अपने घर की दीवारों तक सीमित हो जाते हैं, जब वह अन्याय देखकर मौन रहना सीख जाता है, जब वह भूख, गरीबी, भय और पतन को सामान्य मान लेता है—तब सभ्यता का पतन शुरू हो जाता है।

राजबगला उस युग की स्मृति को पुनः जागृत कर रहा है। यह पुस्तक उस समय की पुकार है, जब हमारे राष्ट्र के सम्मुख अनेक समस्याएँ थीं, परन्तु तब भारत की संतानों ने निद्रा त्यागकर चेतना का दीप प्रज्वलित किया था। यह ग्रंथ उसी प्रकार की युवा-ज्वाला को पुनः जगाने का एक विनम्र प्रयास है।

एक पुकार है—
“उठो भारत के वीर, जागो, मैं तुम्हें जगाने आया हूँ।”

और आज वही समय पुनः हमारे द्वार पर उपस्थित है। इतिहास नहीं, स्वयं भारत माता पुकार रही है। वह अपने वीर पुत्रों को जगा रही है, उन्हें स्मरण करा रही है कि राष्ट्र की रक्षा, संस्कृति की रक्षा और धर्म की रक्षा का समय फिर से आ पहुँचा है।

इस संसार में सबसे महान धर्म बलिदान का धर्म है। जो त्याग राष्ट्र के लिए हो, जो समर्पण समाज के लिए हो, जो तप आने वाली पीढ़ियों के लिए हो—वही मनुष्य को अमरत्व प्रदान करता है।

इन बारह महान कार्यों के पथ पर अनेक वीरों, तपस्वियों और समर्पित जनों का योगदान अनिवार्य होगा। निस्संदेह, इसमें परिश्रम होगा, संघर्ष होगा, और कहीं-कहीं बलिदान भी माँगा जाएगा। परंतु यह सब उस राष्ट्र-निर्माण हेतु होगा, जो भविष्य में बढ़ती हुई समस्याओं और आने वाले संकटों को रोक सके।

यदि आज हम न जागे, तो यही समस्याएँ कल विकराल रूप धारण कर आने वाली पीढ़ियों के भाग्य को निगल लेंगी। पर यदि आज कुछ जाग्रत आत्माएँ उठ

खड़ी हुईं, तो वही लोग भविष्य के उस अंधकार से भारत की रक्षा करने वाले दीपस्तंभ सिद्ध होंगे। वही भारत माता के सच्चे सपूत कहलाएँगे।

यह पुस्तक उन्हीं को जगाने के लिए एक स्वर है, एक शंखनाद है, एक दिव्य आह्वान है।

यह हज़ारों हाथों तक पहुँचे या न पहुँचे, लाखों-करोड़ों जीवन बदले या न बदले—पर यदि यह किसी एक मनुष्य के जीवन में भी जागरण ला दे, उसके भीतर सुप्त शक्ति को जगा दे, तो यह अपने उद्देश्य में सफल मानी जाएगी।

यदि यह पुस्तक किसी के हाथों में पहुँचे, तो वह केवल इसे पढ़े नहीं, बल्कि इसके भीतर निहित विचारों को अपने जीवन में उतारे। वह अपनी चेतना को विस्तृत करे, अपनी मानसिकता को ऊँचा उठाए, स्वयं को विकसित मनुष्य बनाए और अंततः राष्ट्र-निर्माण के मार्ग पर अग्रसर हो।

क्योंकि राष्ट्र महान व्यक्तियों से बनता है, और महान व्यक्ति जागृत विचारों से।

आज संसार में साधन हैं, पर शांति नहीं।
भीड़ है, पर अपनापन नहीं।
शिक्षा है, पर चरित्र नहीं।
धन है, पर संतोष नहीं।
सूचना है, पर दिशा नहीं।

यही वह समय है जब नए विचार जन्म लेते हैं।

"राज बगला के 12 काम" केवल बारह विषयों की सूची नहीं है। यह मनुष्य और समाज के पुनर्निर्माण का सूत्र है। यह उन बारह दरवाज़ों की चाबी है जिनसे होकर कोई भी राष्ट्र फिर से महान बन सकता है।

जब पेड़ बचेंगे, तब धरती साँस लेगी।
जब जल बचेगा, तब जीवन बचेगा।
जब भूख मिटेगी, तब सम्मान लौटेगा।
जब भूमि न्यायपूर्ण होगी, तब समृद्धि आएगी।
जब गरीबी टूटेगी, तब आत्मविश्वास जागेगा।
जब बीमारी घटेगी, तब शक्ति बढ़ेगी।
जब शिक्षा फैलेगी, तब अंधकार हटेगा।
जब कचरा हटेगा, तब सोच साफ होगी।
जब जीवों पर दया होगी, तब मनुष्य सच्चा मनुष्य बनेगा।
जब स्त्री उठेगी, तब समाज उठेगा।

जब सनातन चेतना जागेगी, तब पहचान लौटेगी।
जब शक्ति भक्ति जागेगी, तब भय टूटेगा।

यह पुस्तक उन लोगों के लिए नहीं है जो केवल मनोरंजन चाहते हैं।
यह उन लोगों के लिए है जिनके भीतर आग है।
उन युवाओं के लिए है जो अपने जीवन को केवल वेतन तक सीमित नहीं करना चाहते।
उन लोगों के लिए है जो पूछते हैं—मैं इस धरती को बेहतर छोड़कर कैसे जाऊँ?

हर युग में दो प्रकार के लोग होते हैं।
पहले वे जो परिस्थितियों का रोना रोते हैं।
दूसरे वे जो परिस्थितियों को बदल देते हैं।

निर्णय तुम्हें करना है कि तुम किस श्रेणी में रहोगे।

याद रखो—इतिहास हमेशा तलवार वालों ने नहीं लिखा।
इतिहास कई बार कलम वालों ने लिखा है।
और कई बार वह उन लोगों ने लिखा है जिनके पास केवल संकल्प था।

यदि तुम्हारे भीतर पीड़ा है कि समाज क्यों टूट रहा है,
यदि तुम्हारे भीतर क्रोध है कि लोग भूखे क्यों हैं,
यदि तुम्हारे भीतर प्रश्न है कि जीवन केवल खाने-कमाने के लिए है क्या,
यदि तुम्हारे भीतर पुकार है कि कुछ बड़ा करना है—
तो यह पुस्तक तुम्हारे लिए है।

हो सकता है तुम अकेले हो।
हो सकता है लोग तुम्हारा मज़ाक उड़ाएँ।
हो सकता है दुनिया कहे कि आदर्शवाद से कुछ नहीं होता।

पर याद रखो—हर महान परिवर्तन पहले असंभव कहा गया था।

यह पुस्तक तुम्हें केवल पढ़ने के लिए नहीं दी जा रही।
यह तुम्हें जगाने के लिए दी जा रही है।
यह तुम्हें याद दिलाने के लिए दी जा रही है कि तुम्हारे भीतर उससे कहीं अधिक शक्ति है जितनी तुमने अभी तक पहचानी है।

यदि एक युवक जाग गया, तो एक परिवार उठेगा।
यदि एक परिवार उठा, तो एक मोहल्ला बदलेगा।
यदि हजारों युवा जाग गए, तो युग बदल जाएगा।

कभी-कभी ईश्वर इतिहास बदलने के लिए सेना नहीं भेजता।
वह केवल कुछ बेचैन हृदय भेजता है।शायद तुम उन्हीं में से एक हो।

अध्याय सूची

1

नए युग का आह्वान

हर युग अपने साथ कुछ प्रश्न लेकर आता है।
कुछ युग मनुष्य से पूछते हैं—तुमने क्या बनाया?
कुछ युग पूछते हैं—तुमने क्या बचाया?
और कुछ युग ऐसे होते हैं जो यह पूछते हैं—जब समाज टूट रहा था, जब सत्य कमजोर पड़ रहा था, जब लोग दिशा खो रहे थे, तब तुम क्या कर रहे थे?

आज का समय भी हमसे यही प्रश्न पूछ रहा है।

कल जब भविष्य की पीढ़ियाँ हमारे सम्मुख खड़ी होंगी, तब वे हमसे प्रश्न करेंगी—

जब जल व्यर्थ बहाया जा रहा था, तब आप कहाँ थे?
जब वृक्षों को काटा जा रहा था, जब वायु और नदियाँ प्रदूषित हो रही थीं, तब आप कहाँ थे?
जब धर्म दुर्बल किया जा रहा था, जब समाज की आत्मा पर आघात हो रहे थे, तब उसकी रक्षा के लिए आप क्यों नहीं उठे?

तब हम क्या उत्तर देंगे?
क्या यह कहेंगे कि हम मोबाइल चलाने में व्यस्त थे?
क्या यह कहेंगे कि हम केवल धन कमाने में लगे थे?
क्या यह स्वीकार करेंगे कि कुछ क्षणिक लाभों के लिए हम स्वयं अपने समाज को बेच रहे थे?

जब समाज पूछेगा कि कुछ चंद रुपयों, थोड़े स्वार्थ और क्षणिक सुखों के लिए आपने आने वाली लाखों-करोड़ों संतानों का भविष्य संकट में क्यों डाला, तब आपकी आँखें झुकेंगी या खुलेंगी? तब आप क्या उत्तर देंगे?

समय के साथ समाज में संस्कार क्षीण होते जा रहे हैं। इसलिए संभव है कि आने वाली पीढ़ियाँ यह प्रश्न विनम्रता से न पूछें। संभव है वे आपका कॉलर पकड़कर पूछें—क्योंकि जब पीड़ा सीमा पार कर जाती है, तब प्रश्नों की भाषा बदल जाती है।

यह वही आवाज है जिसे दबाया नहीं जा सकता।
यह वही पुकार है जो समय के गर्भ से उठ रही है।
यह वही उत्तर है जो आने वाली पीढ़ियों को दिया जाएगा—कि उस अंधकारमय काल में भी कुछ लोग जागृत थे। कुछ लोग ऐसे थे जिन्होंने समाज के लिए संघर्ष किया, जिन्होंने चेतना जगाने के लिए अनेक प्रयास किए, जिन्होंने पराजय नहीं स्वीकार की।

यह पुस्तक उन्हीं प्रयासों में से एक प्रयास है।

इसका निर्माण उस समाज को पुनः जगाने के लिए हुआ है जो निद्रा में है, जिसे इस बात का अनुमान नहीं कि यदि आज दिशा न बदली गई, तो आने वाले पचास वर्षों में यह पृथ्वी रहने योग्य भी न बचे।

जब निरंतर संघर्ष होंगे, जब जल विष बन जाएगा, जब वायु बोझ बन जाएगी, जब मार्ग शेष नहीं रहेगा—तब इसी भूमि से, इसी समाज से, इसी चेतना से करोड़ों युवा उठेंगे।

वे उठेंगे, जागेंगे, संगठित होंगे, और फिर इस राष्ट्र में भगवती राज्य की स्थापना करेंगे।

यह उसी भविष्य की आवाज है।
यह उसी जागरण की आवाज है।
यह उसी भारत की आवाज है।

हम ऐसे युग में जी रहे हैं जहाँ साधन बहुत हैं, पर संतोष कम है। जानकारी बहुत है, पर समझ कम है। भीड़ बहुत है, पर अपनापन कम है। घर बड़े हैं, पर रिश्ते छोटे हो गए हैं। मोबाइल सबके हाथ में है, पर मनुष्य का मन स्वयं से दूर चला गया है।

मनुष्य ने मशीनें बना लीं, पर मन की शांति खो दी।
उसने शहरों को चमका दिया, पर हृदय को अंधेरा छोड़ दिया।
उसने बाजारों को भर दिया, पर आत्मा को खाली कर दिया।

यही वह समय है जहाँ नया युग जन्म लेता है।

नया युग अचानक आकाश से नहीं उतरता।
नया युग किसी एक नेता, एक भाषण या एक चुनाव से नहीं आता।

नया युग तब आता है जब सामान्य लोग असामान्य निर्णय लेते हैं।
जब लोग यह तय करते हैं कि अब वे केवल जीएँगे नहीं, बल्कि कुछ बदलकर जाएँगे।

जब युवा यह तय करता है कि उसका जीवन केवल नौकरी तक सीमित नहीं रहेगा।
जब किसान यह तय करता है कि वह सम्मान से जिएगा।
जब स्त्री यह तय करती है कि वह भय में नहीं, शक्ति में जिएगी।
जब विद्यार्थी यह तय करता है कि वह केवल अंक नहीं, उद्देश्य कमाएगा।
जब समाज यह तय करता है कि वह बँटेगा नहीं, जुड़ेगा।

तब युग बदलता है।

लेकिन हर परिवर्तन से पहले एक सत्य समझना आवश्यक है—सबसे बड़ा संकट बाहर नहीं, भीतर होता है।

आज मनुष्य का सबसे बड़ा शत्रु गरीबी नहीं है।
सबसे बड़ा शत्रु केवल भ्रष्टाचार नहीं है।
सबसे बड़ा शत्रु केवल प्रदूषण भी नहीं है।

सबसे बड़ा शत्रु है—मानसिक पराजय।

जब मनुष्य मान लेता है कि कुछ नहीं बदल सकता।
जब वह सोच लेता है कि मेरी क्या औकात है।
जब वह कहता है कि मैं अकेला क्या करूँगा।
जब वह अपने सपनों को स्वयं छोटा कर देता है।

तभी पतन शुरू हो जाता है।

याद रखो, हर महान कार्य पहले असंभव लगता है।
हर बड़ी नदी पहले एक छोटी धारा होती है।
हर विशाल वृक्ष पहले एक बीज होता है।
हर महान आंदोलन पहले कुछ बेचैन हृदयों में जन्म लेता है।

इतिहास उन लोगों ने नहीं बदला जिनके पास सब कुछ था।
इतिहास अक्सर उन लोगों ने बदला जिनके पास केवल संकल्प था।

एक शिक्षक ने पीढ़ियाँ बदल दीं।
एक संत ने समाज बदल दिया।
एक विचारक ने राष्ट्र जगा दिया।
एक युवा ने क्रांति खड़ी कर दी।

इसलिए अपने आप को छोटा मत समझो।

तुम्हारे पास अभी धन न हो सकता है, पर विचार हो सकता है।
तुम्हारे पास अभी पद न हो सकता है, पर प्रभाव हो सकता है।
तुम्हारे पास अभी भीड़ न हो सकती है, पर सत्य हो सकता है।
तुम्हारे पास अभी साधन कम हो सकते हैं, पर साहस बहुत हो सकता है।

और कई बार यही सबसे बड़ी पूँजी होती है।

आज समाज को ऐसे लोगों की आवश्यकता है जो शिकायत न करें, समाधान बनें।
ऐसे लोगों की जो समय को दोष न दें, समय को दिशा दें।
ऐसे युवाओं की जो केवल अपने भविष्य की चिंता न करें, राष्ट्र के भविष्य की भी चिंता करें।

दुनिया में दो प्रकार के लोग होते हैं।

पहले वे जो हर समस्या देखकर कहते हैं—यह मेरा काम नहीं है।
दूसरे वे जो हर समस्या देखकर कहते हैं—यदि मैं नहीं, तो कौन?

पहले लोग भीड़ बढ़ाते हैं।
दूसरे लोग इतिहास बनाते हैं।

तुम्हें तय करना है कि तुम किस श्रेणी में रहोगे।

नया युग बड़े मंचों से नहीं, छोटे निर्णयों से शुरू होता है।

जब कोई व्यक्ति सुबह जल्दी उठकर अपने शरीर को मजबूत बनाता है—नया युग शुरू होता है।
जब कोई विद्‌यार्थी मोबाइल छोड़कर ज्ञान चुनता है—नया युग शुरू होता है।
जब कोई व्यापारी बेईमानी छोड़कर सत्य चुनता है—नया युग शुरू होता है।
जब कोई परिवार क्रोध छोड़कर प्रेम चुनता है—नया युग शुरू होता है।
जब कोई भूखे को भोजन देता है—नया युग शुरू होता है।
जब कोई युवा अपने गाँव की समस्या हल करने निकलता है—नया युग शुरू होता है।

परिवर्तन हमेशा छोटे कदमों से शुरू होता है।

लोग अक्सर बड़ी बातें करते हैं, पर छोटे कार्यों को छोटा समझते हैं।
वे सोचते हैं कि जब करोड़पति बनेंगे तब सेवा करेंगे।
जब बड़ा पद मिलेगा तब बदलाव लाएँगे।
जब समय मिलेगा तब कुछ करेंगे।

पर सत्य यह है—जो आज छोटा काम नहीं करता, वह कल बड़ा काम भी नहीं करेगा।

समय किसी की प्रतीक्षा नहीं करता।
अवसर बार-बार दरवाज़ा नहीं खटखटाते।
युवा अवस्था बार-बार नहीं मिलती।

आज जो जागेगा, वही कल नेतृत्व करेगा।
आज जो सोएगा, वह कल पछताएगा।

इसलिए सबसे पहले स्वयं को बदलो।

अपने शरीर को अनुशासन दो।
अपने मन को दिशा दो।
अपने समय को मूल्य दो।
अपने शब्दों को सत्य दो।
अपने जीवन को उद्देश्य दो।

जो स्वयं पर विजय नहीं पा सकता, वह संसार पर प्रभाव नहीं डाल सकता।

यह पुस्तक तुम्हें केवल प्रेरित करने के लिए नहीं लिखी गई।
यह तुम्हें झकझोरने के लिए लिखी गई है।
यह याद दिलाने के लिए लिखी गई है कि तुम्हारा जन्म केवल खाने, कमाने और एक दिन चुपचाप चले जाने के लिए नहीं हुआ।

तुम्हारे भीतर निर्माण की शक्ति है।
तुम्हारे भीतर नेतृत्व की क्षमता है।
तुम्हारे भीतर करुणा है।
तुम्हारे भीतर साहस है।
तुम्हारे भीतर वह आग है जो यदि जाग जाए, तो अनेक जीवनों को प्रकाश दे सकती है।

लेकिन निर्णय तुम्हें करना होगा।

क्या तुम परिस्थितियों के गुलाम बनोगे?
या परिस्थितियों को बदलने वाले बनोगे?

क्या तुम दर्शक बनोगे?
या निर्माता बनोगे?

क्या तुम भीड़ बनोगे?
या दिशा बनोगे?

यदि तुम्हारे भीतर अभी भी बेचैनी है...
यदि तुम्हें लगता है कि जीवन में कुछ बड़ा करना है...
यदि तुम्हें अन्याय देखकर पीड़ा होती है...

यदि तुम्हें समाज की हालत देखकर आग लगती है...
तो समझो, तुम्हारा समय आ गया है।
उठो।
अपने भीतर सोई हुई शक्ति को जगाओ।
अपने जीवन को उद्देश्य दो।
अपने समय को अर्थ दो।
अपने युग को दिशा दो।
क्योंकि नया युग आने वाला नहीं है—
नया युग तुम्हारे द्वारा बनाया जाएगा।

2

भगवती राज क्या है?

आज भी अनेक ऐसे प्रश्न हमारे सम्मुख खड़े हैं, जिन पर गंभीर चिंतन आवश्यक है। जिस समय ब्राह्मण समाज अपने कर्तव्यों और वैदिक परंपराओं को आगे बढ़ाने में लगा हुआ था, उसी समय चार्वाक भी खड़ा हुआ था। वह केवल एक व्यक्ति नहीं, बल्कि एक प्रश्न था—एक विरोध था, एक चेतावनी थी।

यदि उस समय चार्वाक की आवाज़ को केवल दबाने के स्थान पर समझा गया होता, उसके प्रश्नों का समय रहते उत्तर दिया गया होता, तो संभव है आगे चलकर अनेक महापुरुषों को उसी कार्य के लिए पुनः खड़ा न होना पड़ता।

शायद स्वामी दयानंद सरस्वती को वेदों की रक्षा हेतु इतनी प्रखरता से संघर्ष न करना पड़ता।

शायद वैदिक ज्ञान को पुनर्जीवित करने की आवश्यकता न पड़ती।

शायद विदेशी आक्रमणों के समय जो लोग स्वार्थवश बिक गए, उनके कारण सनातन ग्रंथों की रक्षा हेतु अनगिनत प्रयास और अपार मूल्य न चुकाना पड़ता।

शायद इस राष्ट्र को वेदान्त दर्शन का गौरव पुनः जगाने के लिए स्वामी विवेकानंद जैसे युगपुरुष की आवश्यकता न पड़ती।

और संभव है, यदि समय रहते समाज ने भीतर उठते प्रश्नों को सुना होता, तो आदि शंकराचार्य को भी पुनः सनातन चेतना स्थापित करने के लिए इतना विराट संघर्ष न करना पड़ता।

इतिहास हमें एक गहरा नियम सिखाता है—

जब-जब किसी आवाज़ को दबाया जाता है,
जब-जब किसी सत्य को अनदेखा किया जाता है,
वह आने वाले समय में तूफ़ान बनकर लौटता है।

मनुष्य प्रायः सूक्ष्म संकेतों का महत्व नहीं समझता। छोटी समस्याएँ उसे नगण्य लगती हैं, छोटे विकार उसे सामान्य लगते हैं, छोटे प्रश्न उसे व्यर्थ प्रतीत होते हैं। परंतु वही सूक्ष्म बीज जब समय पाता है, तो महावृक्ष बन जाता है—और कभी-कभी विनाश का वृक्ष।

जब तक समाज को इस सत्य का बोध होता है, तब तक बहुत देर हो चुकी होती है। तब परिवर्तन नहीं, क्रांति जन्म लेती है।

आज भी समाज में वैसी ही एक क्रांति की आवश्यकता है—
एक ऐसी क्रांति जो विध्वंस की नहीं, जागरण की हो।
एक ऐसी क्रांति जो विभाजन की नहीं, चेतना की हो।
एक ऐसी क्रांति जिसे दबाया जा रहा है, क्योंकि हर सोई हुई व्यवस्था जागते हुए समाज से भय खाती है।

यह पुस्तक उसी जागरण की भूमिका है।
यह उस आने वाली चेतना की दस्तक है।
यह उस अग्नि की पहली चिनगारी है, जिसे अब रोका नहीं जा सकेगा।

हर युग में मनुष्य ने एक आदर्श समाज का स्वप्न देखा है।
किसी ने उसे रामराज्य कहा, किसी ने स्वर्ण युग, किसी ने न्यायपूर्ण समाज, किसी ने शांति का युग। नाम अलग-अलग रहे, पर मनुष्य की इच्छा एक ही रही—ऐसी दुनिया जहाँ भय कम हो, प्रेम अधिक हो; अन्याय कम हो, सम्मान अधिक हो; दुःख कम हो, सुख अधिक हो।

इसी आदर्श का एक रूप है—भगवती राज।

भगवती राज का अर्थ किसी राजनीतिक सत्ता से नहीं है।
यह किसी दल, किसी कुर्सी, किसी चुनाव या किसी बाहरी शासन का नाम नहीं है।

भगवती राज एक चेतना है।
एक जीवन पद्धति है।
एक समाज व्यवस्था है।
एक ऐसा आदर्श है जहाँ शक्ति और करुणा साथ-साथ चलती हैं।

जहाँ कठोरता केवल अन्याय के विरुद्ध हो,
और कोमलता हर जीव के प्रति हो।

जहाँ व्यवस्था हो, पर अत्याचार न हो।
जहाँ समृद्धि हो, पर अहंकार न हो।
जहाँ धर्म हो, पर अंधता न हो।
जहाँ शक्ति हो, पर क्रूरता न हो।

जहाँ स्वतंत्रता हो, पर स्वार्थ न हो।

यही भगवती राज है।

भगवती का अर्थ क्या है?

भगवती केवल पूजा का नाम नहीं।
भगवती शक्ति है।
भगवती बुद्धि है।
भगवती करुणा है।
भगवती रक्षा है।
भगवती समृद्धि है।
भगवती वह चेतना है जो अंधकार को प्रकाश में बदल देती है।

जब समाज में स्त्री का सम्मान होता है—वहाँ भगवती का वास होता है।
जब भूखे को भोजन मिलता है—वहाँ भगवती मुस्कुराती हैं।
जब कोई निर्बल को सहारा देता है—वहाँ भगवती प्रसन्न होती हैं।
जब अन्याय के सामने कोई खड़ा होता है—वहाँ भगवती की शक्ति प्रकट होती है।

इसलिए भगवती राज मंदिरों की दीवारों से बाहर निकलकर जीवन में उतरने का नाम है।

भगवती राज कैसा होगा?

कल्पना करो एक ऐसे समाज की—

जहाँ कोई बच्चा भूखा न सोए।
जहाँ किसी माँ को इलाज के लिए रोना न पड़े।
जहाँ बेटियाँ भय में नहीं, सम्मान में जीएँ।
जहाँ किसान कर्ज में नहीं, गौरव में जिए।
जहाँ युवा दिशाहीन नहीं, उद्देश्यपूर्ण हों।
जहाँ धर्म विभाजन का कारण नहीं, उत्थान का मार्ग बने।
जहाँ शहर स्वच्छ हों, गाँव समृद्ध हों, नदियाँ निर्मल हों, वृक्ष जीवित हों।
जहाँ लोग एक-दूसरे को गिराने में नहीं, उठाने में आनंद लें।

यही भगवती राज का स्वरूप है।

क्या यह केवल सपना है?

कई लोग कहेंगे—ऐसा कभी नहीं हो सकता।
दुनिया हमेशा ऐसी ही रहेगी।
भ्रष्टाचार रहेगा, गरीबी रहेगी, हिंसा रहेगी, लोभ रहेगा।

यह आधा सत्य है।

हाँ, चुनौतियाँ रहेंगी।
मानव स्वभाव में दोष भी रहेंगे।
समस्याएँ पूरी तरह समाप्त नहीं होंगी।

पर क्या इसका अर्थ यह है कि हम प्रयास ही छोड़ दें?

यदि बीमारी पूरी तरह समाप्त नहीं हो सकती, तो क्या इलाज बंद कर देना चाहिए?
यदि अंधेरा हमेशा कहीं न कहीं रहेगा, तो क्या दीपक बुझा देना चाहिए?

नहीं।

सभ्यता उन्हीं लोगों के कारण आगे बढ़ी जिन्होंने कहा—पूर्णता भले न मिले, पर सुधार अवश्य होगा।

भगवती राज का अर्थ पूर्ण स्वर्ग नहीं,
बल्कि वर्तमान से बेहतर समाज है।

भगवती राज बाहर से पहले भीतर आता है

लोग सोचते हैं कि आदर्श समाज सरकार बना देगी।
कुछ लोग सोचते हैं कोई महान नेता आ जाएगा और सब बदल देगा।

पर सच्चाई यह है—
जैसा मनुष्य होगा, वैसा समाज होगा।

यदि लोग भीतर से लालची हैं, तो व्यवस्था भी लालची होगी।
यदि लोग भीतर से भयभीत हैं, तो राजनीति भी भय फैलाएगी।
यदि लोग भीतर से विभाजित हैं, तो समाज भी टूटेगा।

इसलिए भगवती राज संसद से पहले हृदय में आता है।

जब मनुष्य अपने भीतर—
लोभ पर संयम,
क्रोध पर धैर्य,
भय पर साहस,
स्वार्थ पर सेवा,
अहंकार पर विनम्रता लाता है—
तब भगवती राज शुरू होता है।

पाँच स्तंभ जिन पर भगवती राज खड़ा होगा

1. अन्न

जहाँ कोई भूखा न रहे।

2. आरोग्य

जहाँ स्वास्थ्य अधिकार हो, विलासिता नहीं।

3. अभय

जहाँ स्त्री, वृद्ध, बालक, गरीब—सब सुरक्षित हों।

4. आदर

जहाँ हर श्रम का सम्मान हो।

5. अध्यात्म

जहाँ मनुष्य केवल शरीर नहीं, आत्मा भी समझा जाए।

क्यों आवश्यक है भगवती राज?

क्योंकि आधुनिक दुनिया ने बहुत कुछ दिया है, पर सब कुछ नहीं दिया।

उसने गति दी, पर शांति नहीं।
उसने साधन दिए, पर संबंध नहीं।
उसने बाजार दिए, पर मूल्य नहीं।
उसने सूचना दी, पर दिशा नहीं।

भगवती राज इन कमी को पूरा करता है।
यह प्राचीन ज्ञान और आधुनिक बुद्धि का संगम है।

यह कार्य कौन करेगा?

तुम।
हाँ, तुम।

जो यह पुस्तक पढ़ रहे हो।
जो भीतर से बेचैन हो।
जो केवल अपना जीवन नहीं, समय बदलना चाहते हो।

हर युग में परिवर्तन कुछ लोगों से शुरू हुआ है।
आज भी होगा।

एक शिक्षक से।
एक किसान से।
एक माँ से।
एक विद्यार्थी से।
एक युवा से।
एक जागे हुए मनुष्य से।

पहला कदम क्या है?

आज से निर्णय लो—

मैं भय नहीं फैलाऊँगा।
मैं निराशा नहीं फैलाऊँगा।
मैं जहाँ हूँ, वहाँ सुधार शुरू करूँगा।
मैं कम से कम एक जीवन बेहतर बनाऊँगा।
मैं अपने भीतर शक्ति और करुणा दोनों जगाऊँगा।

यही भगवती राज की शुरुआत है।

अंतिम सत्य

भगवती राज किसी दिन अचानक नहीं आएगा।
यह धीरे-धीरे जन्म लेगा—
तुम्हारे विचारों में,
तुम्हारे घर में,
तुम्हारे कर्म में,
तुम्हारे समाज में।

जब लाखों लोग भीतर से बदलेंगे,
तब बाहर की दुनिया बदल जाएगी।

इसलिए प्रतीक्षा मत करो कि कोई आएगा।

तुम्हें ही वह दीपक बनना है, जिससे युग प्रकाशित होगा।

3

युवा शक्ति का जागरण

हर राष्ट्र की सबसे बड़ी संपत्ति उसके खजाने में रखा सोना नहीं होता।

उसकी सबसे बड़ी संपत्ति उसके महल, उसकी सड़कें, उसकी सेनाएँ या उसकी इमारतें भी नहीं होतीं।

यदि आज का युवा नहीं जागेगा, यदि वह भेड़चाल में बहता रहेगा, यदि वह केवल रीलों, क्षणिक मनोरंजन और व्यर्थ आकर्षणों में उलझा रहेगा, तो एक समय ऐसा भी आएगा, जैसा कभी नालंदा विश्वविद्यालय के साथ हुआ था।

जब मुट्ठी भर आक्रमणकारी वहाँ अग्नि लगा रहे थे, तब उनसे अनेक गुना अधिक संख्या में युवा, विद्यार्थी और शिक्षक उपस्थित थे। वे संख्या में प्रबल थे, सामर्थ्य में समर्थ थे, परंतु चेतना में सोए हुए थे। भय ने उन्हें जकड़ रखा था, और वे पीछे खड़े तमाशा देख रहे थे।

उनकी उस मौन निष्क्रियता ने केवल एक भवन नहीं जलने दिया—उसने युगों का ज्ञान भस्म कर दिया।

वह अग्नि केवल पुस्तकों पर नहीं लगी थी, वह भारत की बुद्धि, शोध, दर्शन और विश्वगुरु परंपरा पर लगी थी।

आज हम विलुप्त ज्ञान की कथाएँ सुनते हैं।

हम अनेक रहस्यमयी ग्रंथों की चर्चा करते हैं।

हम मृतसंजीवनी विद्या, प्राचीन विज्ञान, महान परंपराओं और खोए हुए रहस्यों का स्मरण करते हैं।

परंतु यह भी स्मरण रखना होगा कि उस दिन यह सब केवल आक्रमणकारियों के कारण नहीं खोया था—यह उन युवाओं के न खड़े होने के कारण भी खोया था।

जब सक्षम लोग मौन रहते हैं, तब विनाश को अवसर मिलता है। जब जागने वाले सो जाते हैं, तब इतिहास जल उठता है।

यदि आज भी युवा नहीं जागे, यदि वे दिशा छोड़कर व्यर्थता में उलझे रहे, तो आने वाले पचास वर्षों में जो संकट, संघर्ष, प्रदूषण, सामाजिक विघटन और विनाश दिखाई देगा—उसके मूल कारण वही होंगे।

वही निष्क्रियता तबाही का कारण बनेगी।
वही उदासीनता संघर्ष को जन्म देगी।
वही सोई हुई चेतना भविष्य को संकट में डालेगी।

इसलिए युवाओं को जागना होगा।
उन्हें केवल जागना ही नहीं, दूसरों को भी जगाना होगा।
उन्हें केवल देखना नहीं, खड़ा होना होगा।
उन्हें केवल बोलना नहीं, निर्माण करना होगा।

यही समय है।
यही पुकार है।
यही जागरण है।

किसी भी राष्ट्र की सबसे बड़ी संपत्ति उसके युवा होते हैं।

युवा केवल आयु का नाम नहीं है।
युवा एक अवस्था है—ऊर्जा की, साहस की, स्वप्न की, जोखिम लेने की, असंभव को संभव मानने की।

जब युवा जागते हैं, इतिहास करवट लेता है।
जब युवा सो जाते हैं, सभ्यताएँ बूढ़ी हो जाती हैं।

युवा क्यों महत्वपूर्ण हैं?

क्योंकि युवाओं के पास वह शक्ति होती है जो वृद्ध अनुभव से भी कई बार बड़ी होती है—नई शुरुआत की शक्ति।

वृद्ध व्यक्ति बहुत कुछ जानता है, पर युवा बहुत कुछ कर सकता है।
वृद्ध दिशा दे सकता है, पर युवा गति दे सकता है।
वृद्ध सलाह दे सकता है, पर युवा पर्वत हिला सकता है।

हर क्रांति में युवा आगे रहे।
हर स्वतंत्रता संग्राम में युवा आगे रहे।
हर तकनीकी परिवर्तन में युवा आगे रहे।
हर सांस्कृतिक जागरण में युवा आगे रहे।

क्योंकि युवाओं में आग होती है।

आज का युवा संकट में क्यों है?

आज का युवा शक्तिशाली भी है और भ्रमित भी।

उसके हाथ में दुनिया का ज्ञान है, पर ध्यान बिखरा हुआ है। उसके पास अवसर हैं, पर दिशा स्पष्ट नहीं है। उसके पास सपने हैं, पर अनुशासन कम है। उसके पास ऊर्जा है, पर लक्ष्य कमजोर है।

मोबाइल ने उसे जोड़ भी दिया है, तोड़ भी दिया है। सोशल मीडिया ने उसे दिखाया भी है, भटकाया भी है। दुनिया ने उसे विकल्प दिए हैं, पर निर्णय शक्ति छीन ली है।

यही कारण है कि बहुत से युवा प्रतिभाशाली होते हुए भी सामान्य जीवन में अटक जाते हैं।

युवा का सबसे बड़ा शत्रु कौन है?

कई लोग सोचते हैं कि युवा का शत्रु बेरोज़गारी है। कुछ लोग सोचते हैं कि शत्रु व्यवस्था है। कुछ लोग सोचते हैं कि शत्रु प्रतियोगिता है।

पर सच्चाई यह है कि युवा का सबसे बड़ा शत्रु है—विक्षेप।

बिखरा हुआ मन।
टूटा हुआ ध्यान।
लक्ष्यहीन ऊर्जा।
क्षणिक सुखों की आदत।

जिस युवा का मन बिखर गया, उसका भविष्य भी बिखर जाता है।

जागृत युवा कैसा होता है?

जागृत युवा वह नहीं जो केवल नारे लगाता है। जागृत युवा वह नहीं जो केवल क्रोध करता है। जागृत युवा वह नहीं जो दूसरों को दोष देता है।

जागृत युवा वह है—

जो समय का मूल्य जानता है

जो शरीर को मजबूत रखता है

जो मन को अनुशासित रखता है

जो ज्ञान प्राप्त करता है

जो परिवार का सम्मान करता है

जो समाज के लिए सोचता है

जो अवसर बनाता है

जो कठिनाई से भागता नहीं

ऐसा युवा चलता नहीं, मार्ग बनाता है।

इतिहास किसने बदला?

जब भी इतिहास पलटा है, उसके पीछे युवाओं की ऊर्जा रही है।

युवा साधु बने—समाज बदला।

युवा योद्धा बने—राष्ट्र बचा।

युवा वैज्ञानिक बने—दुनिया बदली।

युवा लेखक बने—विचार बदले।

युवा उद्यमी बने—अर्थव्यवस्था बदली।

आज भी अगला परिवर्तन युवाओं से ही आएगा।

पर कैसे जागेगा युवा?

1. लक्ष्य से

जिसके पास लक्ष्य नहीं, उसकी ऊर्जा भटक जाती है।

जिस युवक को पता नहीं कि उसे कहाँ जाना है,

वह किसी भी रास्ते पर चलकर थक जाएगा।

इसलिए पहला प्रश्न है—

मैं जीवन में क्यों हूँ?

2. अनुशासन से

प्रेरणा आती-जाती है।

अनुशासन स्थायी शक्ति है।

सुबह उठना, पढ़ना, सीखना, शरीर बनाना, समय बचाना—ये छोटे नियम महान जीवन बनाते हैं।

3. संगति से

जिसके मित्र निकम्मे हैं, उसका भविष्य भी खतरे में है।

जिसके मित्र जागृत हैं, उसका जीवन ऊपर जाएगा।

4. सेवा से

केवल अपने लिए जीने वाला जल्दी खाली हो जाता है।

दूसरों के लिए जीने वाला भीतर से भर जाता है।

युवा क्या कर सकता है?

एक युवा यदि ठान ले तो—

दस बच्चों को पढ़ा सकता है

सौ पेड़ लगा सकता है
हजार लोगों तक विचार पहुँचा सकता है
एक व्यवसाय खड़ा कर सकता है
परिवार की दशा बदल सकता है
गाँव का माहौल बदल सकता है
एक आंदोलन शुरू कर सकता है
युवा कमजोर नहीं है।
युवा अपनी शक्ति से अनजान है।

युवा की पाँच प्रतिज्ञाएँ

आज का युवा यदि ये पाँच संकल्प ले ले, तो उसका जीवन बदल सकता है—

1. मैं अपने शरीर को कमजोर नहीं होने दूँगा।
2. मैं अपने मन को बिखरने नहीं दूँगा।
3. मैं समय को व्यर्थ नहीं गँवाऊँगा।
4. मैं परिवार और समाज के लिए उपयोगी बनूँगा।
5. मैं बड़ा लक्ष्य चुनूँगा।

राष्ट्र को किस युवा की आवश्यकता है?

राष्ट्र को केवल डिग्रीधारी युवा नहीं चाहिए।
राष्ट्र को चाहिए—

ईमानदार युवा
कर्मठ युवा
बुद्धिमान युवा
निडर युवा
करुणामय युवा
राष्ट्रवादी युवा
आध्यात्मिक युवा
सृजनशील युवा

ऐसे युवा राष्ट्र को स्वर्णिम बना सकते हैं।

तुम्हारे भीतर क्या है?

तुम सोचते हो शायद तुम सामान्य हो।
तुम सोचते हो शायद तुम छोटे शहर से हो।
तुम सोचते हो शायद तुम्हारे पास साधन कम हैं।

पर याद रखो—

कई महान लोग छोटे स्थानों से उठे।
कई महान लोग गरीब घरों से उठे।
कई महान लोग अकेले शुरू हुए।

बड़ा बनने के लिए बड़ा जन्म नहीं चाहिए।
बड़ा संकल्प चाहिए।

अंतिम आह्वान

यदि तुम युवा हो, तो यह समय तुम्हारा है।
यदि तुम जाग गए, तो परिवार उठेगा।
यदि लाखों युवा जाग गए, तो राष्ट्र उठेगा।

अपने भीतर की नींद तोड़ो।
मोबाइल से ऊपर उठो।
भय से ऊपर उठो।
छोटे सपनों से ऊपर उठो।

तुम्हारा जन्म भीड़ बनने के लिए नहीं हुआ।
तुम्हारा जन्म निर्माण करने के लिए हुआ है।

उठो युवा।
समय तुम्हें पुकार रहा है।

क्योंकि आने वाला युग उन्हीं का होगा, जो आज जागेंगे।

4

पेड़ : धरती की श्वास

जब हम देवी विद्या, आदि विद्याओं और प्राचीन शक्तियों पर चर्चा करते हैं, तब हम अक्सर प्रकृति देवी, धरती माता और सृष्टि की चेतन शक्तियों का नाम सुनते हैं। इनके मंत्र हैं, इनकी साधनाएँ हैं, और परंपराओं में इनके माध्यम से सिद्धियों का भी वर्णन मिलता है। इससे यह स्पष्ट होता है कि यह केवल मानने भर की कोई कल्पना, रूपक या अंग्रेज़ी शब्दों में कही जाने वाली allegory नहीं है—यह एक जीवित, जागृत और कार्यशील शक्ति है।

परंतु आज यही शक्ति अपने रंग खो रही है।
आज यही प्रकृति अपने संतुलन से दूर जा रही है।
आज इसकी स्थिति इस सीमा तक बिगड़ चुकी है कि उसकी कल्पना भी भय उत्पन्न करती है।

जिस भूमि को कभी कवियों ने स्वर्ग कहा, जिन नगरों का वर्णन बड़े-बड़े साहित्यकारों ने गौरव के साथ किया—आज वही स्थान देखने और रहने योग्य नहीं बचते जा रहे हैं। दिल्ली जैसी राजधानी इसका उदाहरण है। वहाँ का वायु गुणवत्ता स्तर कई बार इतना दयनीय हो जाता है कि स्वच्छ श्वास लेना भी कठिन प्रतीत होता है। अनेक रिपोर्टों में यह चेतावनी दी गई है कि अत्यधिक प्रदूषित वातावरण में रहना शरीर पर वैसा ही दुष्प्रभाव डाल सकता है, जैसा लंबे समय तक धूम्रपान का होता है।

यह केवल आँकड़ों का विषय नहीं है—यह आने वाली पीढ़ियों के जीवन का प्रश्न है।

यदि इस स्थिति को सुधारना है, तो कार्य भी विशाल होगा। संख्या बड़ी है, समस्या गहरी है, परंतु समस्या की विशालता तब छोटी पड़ जाती है जब समाधान

के लिए खड़े होने वाले लोग बढ़ जाते हैं।

आज भारत को करोड़ों नए वृक्षों की आवश्यकता है।
एशिया को अरबों हरित जीवन की आवश्यकता है।
पूरी पृथ्वी को आने वाले दशकों को संतुलित रखने हेतु असंख्य वृक्षों, जल स्रोतों और जैव विविधता की रक्षा की आवश्यकता है।

परंतु अब समय केवल संख्या गिनने का नहीं है।
अब समय संकल्प का है—

न वृक्ष कटने दें।
न वृक्षों की संख्या घटने दें।
केवल उन्हें बढ़ाएँ।

पर्यावरण केवल पेड़ों का नाम नहीं है।
यह उस महाशक्ति का नाम है जिसमें जल है, वायु है, पशु-पक्षी हैं, नदियाँ हैं, पर्वत हैं, मिट्टी है, और प्रत्येक जीव की वह आत्मा है जिसमें परमात्मा का अंश विद्यमान है।

प्रकृति कोई बाहर की वस्तु नहीं—हम स्वयं प्रकृति का ही विस्तार हैं। जब प्रकृति बीमार होती है, तब मनुष्य भी स्वस्थ नहीं रह सकता।

इस ग्रंथ के आने वाले अध्यायों में हम इस महाशक्ति के विभिन्न आयामों पर विस्तार से चर्चा करेंगे, संवाद करेंगे, और समझेंगे कि किस प्रकार मनुष्य पुनः प्रकृति के साथ संतुलन स्थापित कर सकता है।

क्योंकि जो धरती को बचाता है, वही भविष्य को बचाता है।

यदि धरती बोल सकती, तो वह मनुष्य से सबसे पहले क्या माँगती?
शायद धन नहीं।
शायद महल नहीं।
शायद मशीनें नहीं।

वह कहती—मुझे फिर से हरा कर दो।

पेड़ केवल लकड़ी नहीं हैं।
पेड़ केवल छाया नहीं हैं।
पेड़ केवल प्रकृति की सजावट नहीं हैं।

पेड़ धरती की श्वास हैं।
पेड़ वर्षा के निमंत्रण हैं।
पेड़ मिट्टी के रक्षक हैं।
पेड़ पक्षियों के घर हैं।

पेड़ मनुष्य के मौन मित्र हैं।

जहाँ वृक्ष जीवित हैं, वहाँ जीवन मुस्कुराता है।
जहाँ वृक्ष मरते हैं, वहाँ संकट जन्म लेते हैं।

मनुष्य ने क्या भूल की?

सभ्यता के नाम पर हमने बहुत कुछ बनाया।
सड़कें बनाई।
इमारतें बनाई।
कारखाने बनाए।
नगर बसाए।

पर उसी समय हमने बहुत कुछ काट भी दिया।
वन काटे।
पहाड़ घायल किए।
नदियों को गंदा किया।
धरती की त्वचा उधेड़ दी।

हमने समझा विकास केवल सीमेंट में है।
हम भूल गए कि विकास मिट्टी और हरियाली के बिना अधूरा है।

पेड़ क्यों आवश्यक हैं?

एक पेड़ केवल पेड़ नहीं होता।
वह अनेक कार्य करता है—

हवा को शुद्ध करता है

तापमान कम करता है

वर्षा चक्र में सहायता करता है

मिट्टी को बाँधता है

जलस्तर बचाने में मदद करता है

जीव-जंतुओं को आश्रय देता है

मनुष्य को फल, छाया, लकड़ी, औषधि देता है

मानसिक शांति देता है

जहाँ अधिक वृक्ष होते हैं, वहाँ जीवन का संतुलन अधिक होता है।

पेड़ों के बिना भविष्य कैसा होगा?

कल्पना करो एक ऐसे शहर की—

जहाँ गर्मी हर वर्ष बढ़ती जाए।
जहाँ धूल साँसों में भरती जाए।

जहाँ पक्षियों की आवाज़ें गायब हो जाएँ।
जहाँ बच्चों को छाया देखने पार्क जाना पड़े।
जहाँ वर्षा अनियमित हो जाए।
जहाँ मिट्टी बंजर होने लगे।

यह भविष्य दूर नहीं, यदि वृक्षों की उपेक्षा जारी रही।

पेड़ केवल पर्यावरण नहीं, अर्थव्यवस्था भी हैं

बहुत लोग सोचते हैं कि पेड़ लगाना भावुकता है।
यह गलत है।

पेड़ आर्थिक शक्ति भी हैं।

फलदार वृक्ष आय देते हैं।
वन औषधि देते हैं।
हरियाली पर्यटन लाती है।
मिट्टी बचती है तो खेती बचती है।
जल बचता है तो उद्योग बचते हैं।

जिस राष्ट्र ने वृक्ष बचाए, उसने भविष्य बचाया।

मनुष्य और वृक्ष का संबंध

मनुष्य जन्म से मृत्यु तक वृक्षों पर निर्भर है।

बचपन में पालना लकड़ी का हो सकता है।
किताब कागज़ से आती है।
घर में फर्नीचर वृक्ष से आता है।
फल वृक्ष से आते हैं।
औषधि वृक्ष से आती है।
अंतिम यात्रा में चिता भी लकड़ी माँग सकती है।

जो हमें जीवन भर देता है, हम उसे क्या लौटाते हैं?

पेड़ कटते क्यों हैं?

लालच

अज्ञान

अनियोजित विकास

जनसंख्या दबाव

अवैध कटाई

उपेक्षा

गलत नीतियाँ

कई बार पेड़ शत्रु से नहीं, उदासीनता से मरते हैं।

क्या केवल सरकार लगाएगी?

नहीं।

यदि जनता पेड़ नहीं बचाती, तो कोई योजना सफल नहीं होगी। यदि समाज पेड़ को मूल्य नहीं देगा, तो पौधारोपण फोटो तक सीमित रहेगा।

पेड़ लगाने से बड़ा काम है—उसे जीवित रखना।

युवा क्या कर सकता है?

एक युवा यदि ठान ले, तो जीवन में—

100 पेड़ लगा सकता है

1000 पौधे बचा सकता है

अपने गाँव/शहर में हरियाली अभियान चला सकता है

स्कूलों में वृक्ष शिक्षा ला सकता है

छतों पर बागवानी शुरू कर सकता है

सूखे क्षेत्रों में जल + वृक्ष मॉडल बना सकता है

पेड़ लगाने की सही नीति

केवल संख्या नहीं, गुणवत्ता चाहिए।

1. स्थानीय प्रजाति लगाओ

जो उस क्षेत्र में स्वाभाविक रूप से पनपे।

2. पानी की योजना बनाओ

पौधा लगाकर भूल मत जाओ।

3. सुरक्षा दो

जानवर, टूट-फूट, उपेक्षा से बचाओ।

4. फलदार + छायादार + पर्यावरणीय संतुलन

संतुलित मिश्रण करो।

5. सामुदायिक जिम्मेदारी

एक पौधा एक परिवार मॉडल।

पेड़ और मन की शांति

विज्ञान भी मानता है कि हरियाली तनाव कम करती है। प्रकृति मनुष्य के मन को संतुलित करती है।

जो व्यक्ति पेड़ों के बीच चलता है, उसका मन हल्का होता है। जो बच्चा हरियाली में बढ़ता है, उसका मन स्वस्थ होता है।

एक पेड़ का दर्शन

एक पेड़ हमें सिखाता है—
चुप रहकर देना
धूप सहकर छाया देना
पत्थर खाकर फल देना
जड़ से जुड़े रहना
ऊपर उठते रहना
यदि मनुष्य पेड़ से सीख ले, तो समाज बदल सकता है।

राज बगला का वृक्ष संकल्प

यदि हर पाठक यह संकल्प ले—

मैं जीवन में कम से कम 108 पेड़ लगाऊँगा।
मैं केवल लगाऊँगा नहीं, बचाऊँगा भी।
मैं बच्चों को वृक्ष प्रेम सिखाऊँगा।
मैं बिना कारण वृक्ष कटने नहीं दूँगा।

तो आने वाली पीढ़ियाँ तुम्हें धन्यवाद देंगी।

अंतिम संदेश

धन कमाने वाले बहुत मिल जाएँगे।
इमारत बनाने वाले भी मिल जाएँगे।
पर भविष्य बचाने वाले कम होते हैं।

पेड़ लगाना छोटा काम नहीं।
यह आने वाले समय के लिए प्रेम पत्र लिखना है।

जब तुम एक पौधा लगाते हो,
तो केवल मिट्टी में बीज नहीं डालते—
तुम भविष्य में आशा बोते हो।

इसलिए उठो।
धरती को फिर से हरा करो।

क्योंकि जहाँ वृक्ष हैं, वहीं जीवन का कल है।

यदि धरती बोल सकती, तो वह मनुष्य से सबसे पहले क्या माँगती?
शायद धन नहीं।
शायद महल नहीं।
शायद मशीनें नहीं।

वह कहती—मुझे फिर से हरा कर दो।

पेड़ केवल लकड़ी नहीं हैं।
पेड़ केवल छाया नहीं हैं।
पेड़ केवल प्रकृति की सजावट नहीं हैं।

पेड़ धरती की श्वास हैं।
पेड़ वर्षा के निमंत्रण हैं।
पेड़ मिट्टी के रक्षक हैं।
पेड़ पक्षियों के घर हैं।
पेड़ मनुष्य के मौन मित्र हैं।

जहाँ वृक्ष जीवित हैं, वहाँ जीवन मुस्कुराता है।
जहाँ वृक्ष मरते हैं, वहाँ संकट जन्म लेते हैं।

मनुष्य ने क्या भूल की?

सभ्यता के नाम पर हमने बहुत कुछ बनाया, पर बहुत कुछ काट भी दिया। वन काटे, नदियाँ गंदी कीं, पहाड़ घायल किए और मिट्टी को कमजोर कर दिया।

हमने समझा विकास केवल सीमेंट में है।
हम भूल गए कि विकास हरियाली के बिना अधूरा है।

पेड़ क्यों आवश्यक हैं?

एक पेड़ केवल पेड़ नहीं होता। वह अनेक कार्य करता है—

हवा को शुद्ध करता है

तापमान कम करता है

वर्षा चक्र में सहायता करता है

मिट्टी को बाँधता है

जलस्तर बचाने में मदद करता है

जीव-जंतुओं को आश्रय देता है

फल, छाया, औषधि देता है

जहाँ अधिक वृक्ष होते हैं, वहाँ जीवन का संतुलन अधिक होता है।

पेड़ों के आम रोग और समाधान

बहुत लोग पौधा लगाते हैं, पर रोग पहचान नहीं पाते।
पेड़ लगाने से बड़ा काम है—पेड़ बचाना।

1. पत्तियाँ पीली पड़ना

कारण:

पानी की कमी

ज्यादा पानी

पोषण की कमी
जड़ सड़न
उपाय:
पानी संतुलित दो
गोबर खाद / कम्पोस्ट डालो
जल निकासी सही करो
जड़ में पानी जमा न होने दो
2. पत्तियाँ सूखना / झड़ना
कारण:
गर्मी तनाव
कीट हमला
मिट्टी खराब
जड़ कमजोर
उपाय:
मल्चिंग करो (सूखी पत्तियाँ/घास नीचे बिछाओ)
सुबह या शाम पानी दो
जैविक कीटनाशक उपयोग करो
जड़ क्षेत्र को सुरक्षित रखो
3. तना सड़ना
कारण:
फंगस
लगातार नमी
चोट लगना
उपाय:
संक्रमित हिस्सा साफ करो
बोर्डो पेस्ट / उचित फफूंदनाशक विशेषज्ञ सलाह से लगाओ
तने को चोट से बचाओ
पानी जमा न होने दो
4. दीमक लगना
कारण:
सूखी मिट्टी
कमजोर पौधा

जैविक कचरा जमा होना

उपाय:

नीम खली / नीम घोल

गोबर खाद से मिट्टी सुधारो

दीमक की सुरंग हटाओ

जरूरत पर कृषि विशेषज्ञ से treatment लो

5. फल न लगना

कारण:

गलत प्रजाति

पोषण कमी

छँटाई न होना

परागण समस्या

उपाय:

सही मौसम में खाद

pruning (छँटाई)

मधुमक्खी मित्र वातावरण

उचित धूप

6. कीड़े लगना

कारण:

असंतुलित ecosystem

कमजोर पौधा

उपाय:

नीम तेल spray

लहसुन-मिर्च जैविक घोल

संक्रमित पत्तियाँ हटाओ

beneficial insects बचाओ

पेड़ बचाने के 10 स्वर्ण नियम

सही प्रजाति सही जगह लगाओ

पहले 2 साल नियमित देखभाल करो

जलभराव मत होने दो

जैविक खाद दो

तना बचाओ

समय पर pruning
कीट जल्दी पहचानो
जड़ के पास कंक्रीट मत भरो
पशुओं से सुरक्षा दो
पेड़ को लगाकर भूलो मत
युवा क्या कर सकता है?
एक युवा यदि ठान ले तो—
100 पेड़ लगा सकता है
1000 पौधे बचा सकता है
अपने शहर में Tree Health Camp चला सकता है
स्कूलों में पौध संरक्षण सिखा सकता है
छतों पर बागवानी शुरू कर सकता है
एक पेड़ का दर्शन
पेड़ हमें सिखाता है—
चुप रहकर देना
धूप सहकर छाया देना
पत्थर खाकर फल देना
जड़ों से जुड़े रहना
ऊपर उठते रहना
अंतिम संदेश
पेड़ लगाना महान है।
पर पेड़ को स्वस्थ रखना उससे भी बड़ा है।
जब तुम एक बीमार पेड़ को बचाते हो,
तो केवल लकड़ी नहीं बचाते—
तुम हवा, छाया, पक्षी, वर्षा और भविष्य बचाते हो।
इसलिए उठो।
धरती को फिर से हरा करो।
और जो पेड़ खड़े हैं, उन्हें गिरने मत दो।
क्योंकि जहाँ वृक्ष हैं, वहीं जीवन का कल है।

5

जल : जीवन की रक्षा

यदि पृथ्वी से पूछा जाए कि उसका सबसे अमूल्य रत्न क्या है, तो उत्तर सोना नहीं होगा, हीरा नहीं होगा, तेल नहीं होगा। उत्तर होगा—जल।

जहाँ जल है, वहाँ जीवन है।
जहाँ जल नहीं, वहाँ संघर्ष है।
जहाँ जल शुद्ध है, वहाँ स्वास्थ्य है।
जहाँ जल दूषित है, वहाँ बीमारी है।

मनुष्य भोजन के बिना कुछ समय रह सकता है, पर जल के बिना बहुत कम।
फसलें जल से जीवित हैं।
नदियाँ जल से बहती हैं।
शरीर जल से चलता है।
सभ्यताएँ जल के किनारे जन्म लेती हैं।

इसलिए जल केवल पदार्थ नहीं—प्राण है।

जल संकट क्यों बढ़ रहा है?

आज दुनिया के अनेक भाग जल संकट से जूझ रहे हैं।
कहीं नदियाँ सिकुड़ रही हैं, कहीं तालाब गायब हो रहे हैं, कहीं भूजल नीचे जा रहा है।

हम उसी भारत देश के निवासी हैं जहाँ गंगा को माँ कहा जाता है, यमुना को माँ माना जाता है, और नर्मदा के तट पर बैठकर मनोकामना माँगने की परंपरा आज भी जीवित है। यह वही भूमि है जहाँ गंगाजल को पवित्र माना गया, जहाँ उसके स्पर्श से शुद्धि और उसके स्मरण से पुण्य का भाव जुड़ा रहा।

हमने नदियों को केवल जलधारा नहीं माना—हमने उन्हें देवी, जीवनदाता, माता और मोक्षदायिनी शक्ति माना।

परंतु आज हमें स्वयं से एक कठोर प्रश्न पूछना चाहिए—

क्या आज वह गंगाजल स्वच्छ बचा है?
क्या वे नदियाँ निर्मल हैं?
क्या जिन देवियों की आरती हम करते हैं, उनकी धारा की रक्षा भी हम कर रहे हैं?

यदि वे सचमुच चेतन शक्तियाँ हैं, यदि हम उन्हें माता कहते हैं, तो क्या हम उनके प्रति अपने कर्तव्य निभा रहे हैं?

यह प्रश्न हर उस व्यक्ति के मन में उठना चाहिए जो कथा तो पढ़ता है, पर अपने सामने नदी की दुर्दशा देखकर भी मौन रहता है।

आप कावेरी के तट पर जाइए—वहाँ कावेरी माता के मंदिर हैं, आरती होती है, श्रद्धा चढ़ती है।
आप गंगा के घाटों पर जाइए—दीप जलते हैं, आस्था उमड़ती है।
आप बिहार में छठ पर्व देखिए—उसी गंगा के तट पर करोड़ों लोग सूर्य और जल को प्रणाम करते हैं।

परंतु क्या वही जल हर स्थान पर इतना स्वच्छ है कि हम उसे निडर होकर पी सकें?

यदि हर जगह वही निर्मलता होती, तो लोग हिमालय के समीप स्रोतों से जल लेने क्यों जाते?

यह प्रश्न केवल सफाई का नहीं है—यह आस्था और आचरण के अंतर का प्रश्न है।

हमने पूजन तो किया, पर संरक्षण कम किया।
हमने श्रद्धा दिखाई, पर जिम्मेदारी नहीं निभाई।
हमने नदी से लिया बहुत, लौटाया बहुत कम।

फिर भी समय गया नहीं है।

आज भी हम इन नदियों को पुनः स्वच्छ बना सकते हैं।
आज भी हम इनके तटों को जीवित कर सकते हैं।
आज भी हम प्रदूषण रोक सकते हैं।
आज भी हम आने वाली पीढ़ियों को निर्मल जल दे सकते हैं।

पर इसके लिए संघर्ष करना होगा।

कचरा स्वयं नहीं हटेगा।
प्रदूषण स्वयं नहीं रुकेगा।

व्यवस्था स्वयं नहीं सुधरेगी।

जब माँग उठती है, तभी विकल्प आता है।
जब समाज बोलता है, तभी परिवर्तन होता है।

एक सुंदर कथन है—
जब तक बच्चा रोता नहीं, माँ उसे दूध नहीं देती।

अर्थ स्पष्ट है—जिसे अपना अधिकार चाहिए, जिसे अपना भविष्य चाहिए, जिसे अपना अस्तित्व चाहिए, उसे आवाज उठानी ही पड़ती है।

यदि आप जीवित हैं, तो संघर्ष करना ही होगा।
तो क्यों न वह संघर्ष किसी महान उद्देश्य के लिए हो?
क्यों न वह संघर्ष जल, प्रकृति, समाज और राष्ट्र के लिए हो?

ऐसा कार्य कीजिए कि लोग आपको केवल नाम से न जानें, बल्कि यह कहें—

उन्होंने हमें बहुत कुछ दिया।
उन्होंने समाज को उठाया।
उन्होंने आने वाली पीढ़ियों के लिए रास्ता बनाया।

इसके मुख्य कारण हैं—

वर्षाजल का संरक्षण न होना

भूजल का अंधाधुंध दोहन

नदियों और तालाबों पर अतिक्रमण

प्रदूषण

जंगलों की कटाई

जनसंख्या दबाव

जल प्रबंधन की कमी

अपव्यय

हमने जल को अधिकार समझ लिया, उत्तरदायित्व नहीं।

जल केवल कमी का नहीं, गंदगी का भी संकट है

कई स्थानों पर पानी है, पर पीने योग्य नहीं।

नालों का पानी नदियों में जाता है

प्लास्टिक जलाशयों में भरता है

रसायन जल को विषाक्त करते हैं

गंदगी से रोग फैलते हैं

अशुद्ध जल से अनेक रोग जन्म लेते हैं।

इसलिए जल संकट का अर्थ केवल सूखा नहीं, दूषित जल भी संकट है।

जल का वास्तविक मूल्य

जिसके घर रोज़ पानी आता है, वह अक्सर उसका मूल्य नहीं समझता। जिसे कई किलोमीटर चलकर पानी लाना पड़ता है, वही जल का महत्व जानता है।

एक बाल्टी पानी व्यर्थ बहाना किसी और के हिस्से का पानी कम करना भी हो सकता है।

जल की हर बूंद में भविष्य छिपा है।

यदि जल समाप्त होने लगे तो क्या होगा?

कल्पना करो—

किसान की फसल सूख जाए

शहरों में पानी के लिए लाइनें लगें

गाँव खाली होने लगें

उद्योग रुक जाएँ

रोग बढ़ जाएँ

झगड़े बढ़ जाएँ

जल संकट केवल पर्यावरण समस्या नहीं, आर्थिक और सामाजिक संकट भी है।

जल बचाने के सरल उपाय

1. वर्षाजल संचयन

बारिश का पानी बहने मत दो।
छतों, खेतों, तालाबों, टैंकों में संग्रह करो।

2. रिसाव रोकना

टपकता नल भी बड़ा नुकसान करता है।

3. खेती में सुधार

ड्रिप irrigation, sprinkler, उचित सिंचाई।

4. पुनर्चक्रण

जहाँ संभव हो grey water reuse।

5. तालाब और कुओं का पुनर्जीवन

पुराने जल स्रोत सभ्यता की धरोहर हैं।

6. वृक्षारोपण

जहाँ वृक्ष होंगे, वहाँ जल चक्र मजबूत होगा।

नदियों को कैसे बचाएँ?

नदी केवल पानी की धारा नहीं, संस्कृति की धारा है।

नदी बचाने के लिए—
सीवेज treatment
industrial waste control
riverfront नहीं, river health पहले
floodplain protection
sand mining control
community cleaning drives
धार्मिक स्थलों पर स्वच्छ व्यवस्था
नदी को पूजा से पहले संरक्षण चाहिए।
घर-घर जल अनुशासन
हर परिवार पाँच नियम बना सकता है—
नल खुला छोड़कर मत जाओ
गाड़ी पाइप से नहीं, बाल्टी से धोओ
RO waste water reuse जहाँ संभव
बच्चों को जल का मूल्य सिखाओ
महीने का water audit करो
जल और मनुष्य का चरित्र
जो समाज जल बचाता है, वह भविष्य सोचता है।
जो समाज जल बहाता है, वह वर्तमान में खोया है।
जल हमें सिखाता है—
विनम्र रहो (नीचे बहता है)
अनुकूल बनो (रूप बदलता है)
बाधा मिले तो मार्ग खोजो
स्वच्छ रहो, स्वच्छ करो
युवा क्या कर सकता है?
एक युवा यदि ठान ले तो—
अपने स्कूल/कॉलोनी में जल अभियान चला सकता है
100 घरों में rainwater awareness पहुँचा सकता है
तालाब सफाई अभियान कर सकता है
leaking taps report system बना सकता है
सोशल मीडिया पर जल शिक्षा फैला सकता है
राज बगला का जल संकल्प

मैं जल व्यर्थ नहीं बहाऊँगा।
मैं कम से कम एक जल स्रोत बचाने में भाग लूँगा।
मैं लोगों को जल का मूल्य समझाऊँगा।
मैं स्वच्छ जल को अधिकार मानूँगा, पर कर्तव्य भी निभाऊँगा।

हमने विकास को प्रायः ऊँची इमारतों, चौड़ी सड़कों और फैलते हुए इन्फ्रास्ट्रक्चर के रूप में देखा है। हमने उसे विकसित भारत का मूल तत्व मान लिया है। निस्संदेह विकास आवश्यक है, परंतु यदि विकास प्रकृति से कटकर हो, तो वही प्रगति भविष्य का संकट बन जाती है।

आज जिस प्रकार से कंक्रीट का विस्तार हो रहा है, भूमि का स्वाभाविक स्वरूप नष्ट होता जा रहा है। जो धरती कभी वर्षा के जल को अपने भीतर समाहित कर पुनः जीवन देती थी, वही धरती अब सीमेंट और डामर की परतों से ढक दी गई है। परिणामस्वरूप वर्षा का जल ज़मीन तक पहुँच ही नहीं पाता, और ग्राउंड वॉटर का स्तर निरंतर गिरता जा रहा है।

एक समय था जब अस्सी-सौ फीट की गहराई पर भी कुओं में जल मिल जाता था। आज तीन सौ, साढ़े तीन सौ, यहाँ तक कि चार सौ फीट की बोरिंग भी पर्याप्त जल नहीं दे पा रही।

एक समय था जब मोटर कुछ ही मिनटों में पानी चढ़ा देती थी। आज वही कार्य घंटों में भी कठिन हो गया है।

यह केवल जल की समस्या नहीं है। इसके साथ अनेक अन्य संकट जुड़े हुए हैं। जल नीचे चला गया, तो अधिक गहराई तक पंप चलाने होंगे। पंप चलेंगे, तो अधिक बिजली लगेगी। बिजली बनेगी, तो कोयला जलेगा, ईंधन खर्च होगा, प्रदूषण बढ़ेगा।

इस प्रकार एक समस्या दूसरी समस्या को जन्म देती है, और दूसरी तीसरी को।

पेड़ों की कमी वर्षा के चक्र को प्रभावित कर रही है। यदि वर्षा होती भी है, तो कंक्रीट का विस्तार उस जल को धरती में उतरने नहीं देता। जब भूजल पुनर्भरण नहीं होगा, तो जल संकट और बढ़ेगा। जल संकट बढ़ेगा, तो ऊर्जा की माँग बढ़ेगी। ऊर्जा की माँग बढ़ेगी, तो कोयला, पेट्रोल और प्राकृतिक संसाधनों पर दबाव बढ़ेगा।

यदि पुराने साधन पर्याप्त होते, तो नए विकल्पों की आवश्यकता क्यों पड़ती? यदि कोयला ही सदा बिजली की भूख मिटा सकता, तो सौर ऊर्जा की आवश्यकता क्यों होती?

सत्य यही है—आवश्यकता ही आविष्कार की जननी है।

परंतु यदि हम समस्याएँ पैदा करके ही समाधान खोजते रहेंगे, तो यह बुद्धिमानी नहीं, दूरदृष्टिहीनता होगी। हम वही भूल दोहरा रहे हैं जो इतिहास बार-बार दिखाता आया है।

इतिहास की एक विशेषता है—वह स्वयं को दोहराता है।
जो समाज नहीं सीखता, वह फिर वही पीड़ा भोगता है।
जो चेतावनी नहीं सुनता, वह संकट को नियति समझ बैठता है।

इसलिए अब समय है जागने का।

हमें जल की समस्या के लिए खड़ा होना होगा।
हमें वृक्षों की रक्षा के लिए खड़ा होना होगा।
हमें इन बारहों समस्याओं के समाधान के लिए खड़ा होना होगा।

क्योंकि यदि आज हम नहीं उठे, तो कल बहुत देर हो चुकी होगी।
और यदि आज हम उठ खड़े हुए, तो आने वाला भारत केवल विकसित नहीं—संतुलित, समृद्ध और सुरक्षित होगा।

अंतिम संदेश

जब अंतिम नदी गंदी हो जाएगी,
जब अंतिम कुआँ सूख जाएगा,
जब अंतिम तालाब मिट जाएगा,

तब मनुष्य समझेगा कि धन पानी नहीं बन सकता।

इसलिए उससे पहले समझो।
जल का सम्मान करो।
जल की रक्षा करो।
जल का न्यायपूर्ण उपयोग करो।

क्योंकि जल बचेगा, तभी कल बचेगा।

6

भूख : कोई भूखा न सोए

किसी भी राष्ट्र की सबसे बड़ी विफलता युद्ध हारना नहीं है।
सबसे बड़ी विफलता तब होती है जब उसके बच्चे भूखे सोते हैं।

भूख केवल पेट की आग नहीं है।
भूख आँखों की चमक छीन लेती है।
भूख शरीर की शक्ति तोड़ देती है।
भूख बुद्धि की गति धीमी कर देती है।
भूख सपनों को छोटा कर देती है।

जिस बच्चे को भोजन नहीं मिलता, उससे भविष्य छिन जाता है।
जिस परिवार के घर चूल्हा नहीं जलता, वहाँ सम्मान भी कांपने लगता है।

इसलिए भूख केवल व्यक्तिगत समस्या नहीं, राष्ट्रीय पीड़ा है।

भूख का असली चेहरा

बहुत लोग सोचते हैं कि भूख का अर्थ केवल सड़क पर बैठे अत्यंत गरीब लोग हैं।
पर भूख कई रूपों में आती है—

अधपेट भोजन
पोषण की कमी
अनियमित भोजन
बच्चों का कुपोषण
वृद्धों की उपेक्षा

मजदूर का भूखा काम करना

माँ का अपने हिस्से का भोजन छोड़ देना

भूख हमेशा दिखाई नहीं देती, पर भीतर से समाज को खोखला करती है।

भोजन होते हुए भी भूख क्यों है?

यह सबसे बड़ा प्रश्न है।

जब खेत हैं, किसान हैं, मंडियाँ हैं, दुकानें हैं, तब भूख क्यों?

भूख — केवल पेट की नहीं, राष्ट्र की समस्या

इसके मूल कारण पर जाने से पहले मैं आप सभी से एक बात स्पष्ट करना चाहता हूँ—भूख समस्या क्यों है?

भूख समस्या इसलिए नहीं कि किसी आँकड़े में कुछ संख्या लिखी हुई है। भूख समस्या इसलिए है कि मेरे अगल-बगल रहने वाला, मेरे ही समान दो हाथ, दो आँख, दो पैर वाला मनुष्य कष्ट भोग रहा है। वह पीड़ा में है, वह अभाव में है, वह रात को खाली पेट सो रहा है। यही इसका प्रथम कारण है।

परंतु मैं इसे अंतिम और मूल कारण नहीं मानता। क्योंकि दया करना, सहायता देना, करुणा रखना—ये तो उच्च चेतना वाले समाज के गुण हैं। यदि समाज पूरी तरह उसी स्तर पर होता, तो शायद मुझे यह लिखने की आवश्यकता ही न पड़ती, न इस विषय पर आवाज उठाने की ज़रूरत होती।

तो फिर मूल कारण क्या है?

भूख और सुरक्षा का संबंध

समाज में सुरक्षा तभी स्थिर रहती है जब मूल आवश्यकताएँ पूरी हों। एक भूखा व्यक्ति पेट भरने के लिए सामान्यतः दो मार्गों की ओर जाता है—

पहला, किसी प्रकार श्रम करके धन कमाए।

परंतु यहाँ एक और प्रश्न खड़ा है—बेरोज़गारी, जो स्वयं एक विशाल समस्या है।

दूसरा, यदि अवसर न मिले, तो किसी के हाथ का धन छीन ले, किसी के मुँह का निवाला छीन ले।

यहीं से समझना होगा कि भूख केवल भूख नहीं है।

यह एक सामाजिक विस्फोट है।

भूख से अपराध तक

यही भूख चोरी को जन्म देती है।

यही छीनाझपटी को जन्म देती है।

यही लूट, हिंसा और बड़े अपराधों की जड़ बन सकती है।

जब किसी व्यक्ति को एक बार गलत मार्ग से जल्दी धन मिल जाता है, तब वह कठिन और ईमानदार मार्ग पर लौटना अक्सर कठिन समझता है। वह फिर और आसान रास्ते खोजता है।

यहीं से अपराध का चक्र शुरू होता है।

इसलिए जब हम अपराध मिटाने की बात करते हैं, तो केवल पुलिस, कानून और जेल की बात काफी नहीं होती। हमें यह भी देखना होगा कि अपराध की जड़ कहाँ है। कई बार जड़ अभाव, भूख, बेरोज़गारी, और असमान अवसर में होती है।

यदि भूख घटे, तो अपराध भी घट सकता है

यदि बड़े स्तर पर लोगों को भोजन, काम, कौशल और अवसर मिलें—तो अपराध के कई कारण स्वतः कम हो सकते हैं।

भूख का समाधान केवल रोटी देना नहीं है।
भूख का समाधान है—

रोज़गार

कौशल

स्थानीय उद्योग

सस्ती पोषण व्यवस्था

भ्रष्टाचार रहित वितरण

मानवीय नीति

युवाओं की भूमिका

यह केवल सरकार का विषय नहीं, समाज का भी विषय है।
यह केवल बजट का विषय नहीं, दृष्टि का विषय है।

जो युवा जागृत हैं, उन्हें पूछना होगा:

क्यों कोई भूखा सोए?

क्यों बेरोज़गार हाथ खाली रहें?

क्यों संसाधन होते हुए भी अभाव रहे?

क्यों नीति समस्या सुलझाने के बजाय टालती रहे?

अंतिम बात

युग वही बदलते हैं जहाँ युवा केवल शिकायत नहीं करते—सोचते हैं, संगठित होते हैं, और समाधान बनाते हैं।

यदि भूख मिटेगी, तो केवल पेट नहीं भरेगा—
समाज शांत होगा, अपराध घटेगा, सम्मान बढ़ेगा, और राष्ट्र मजबूत होगा।

यही सोच आने वाले भारत का निर्माण करेगी।

कारण अनेक हैं—

गरीबी

बेरोज़गारी

वितरण की कमी

खाद्य अपव्यय

भ्रष्टाचार

पोषण ज्ञान की कमी

सामाजिक असमानता

आपदा और विस्थापन

समस्या केवल अन्न की कमी नहीं, व्यवस्था की कमी भी है।

भूख और प्रतिभा

एक भूखा बच्चा पढ़ाई पर ध्यान नहीं लगा पाता। एक कमजोर शरीर बड़ा श्रम नहीं कर पाता। एक कुपोषित पीढ़ी राष्ट्र की शक्ति कम कर देती है।

भूख प्रतिभा की चुपचाप हत्या करती है।

कितने वैज्ञानिक, कलाकार, नेता, खिलाड़ी शायद जन्मे होंगे— पर भोजन की कमी ने उन्हें आगे बढ़ने ही नहीं दिया।

भूख और सम्मान

भूख मनुष्य को विवश कर देती है।

जो व्यक्ति पेट के लिए लड़ रहा हो, उससे बड़े आदर्शों की अपेक्षा कठिन होती है।

इसलिए भोजन देना केवल दान नहीं, सम्मान देना है।

जब किसी को भोजन मिलता है, वह केवल रोटी नहीं पाता— वह महसूस करता है कि वह अकेला नहीं है।

भोजन का अपमान

एक तरफ लोग भूखे हैं। दूसरी तरफ टनों भोजन व्यर्थ जाता है।

शादियों में प्लेटें भरकर फेंकी जाती हैं। होटलों में खाना बचता है। घरों में जरूरत से ज्यादा बनता है।

जहाँ भोजन व्यर्थ फेंका जाता है, वहाँ संवेदना कमजोर हो चुकी होती है।

भोजन केवल वस्तु नहीं, किसान का पसीना है।
धरती की शक्ति है।
जल का रूप है।
सूर्य की ऊर्जा है।

कोई भूखा न सोए – कैसे संभव है?

1. स्थानीय भोजन बैंक

हर शहर, हर कस्बे, हर मोहल्ले में surplus food collection system हो।

2. बचे भोजन का सुरक्षित वितरण

होटल, शादी, संस्थान—सुरक्षित बचा भोजन जरूरतमंदों तक पहुँचे।

3. सामुदायिक रसोई

जहाँ गरीब, मजदूर, यात्री सम्मान से भोजन पा सकें।

4. पोषण शिक्षा

सस्ता पर पौष्टिक भोजन कैसे बने, यह सिखाया जाए।

5. रोजगार

भूख का स्थायी समाधान आय है।

6. किसान सम्मान

जो अन्न उगाता है, वही संकट में रहे—यह अन्याय है।

परिवार क्या कर सकता है?

हर परिवार संकल्प ले—
भोजन व्यर्थ नहीं करेंगे
महीने में एक बार भोजन सेवा करेंगे
बच्चों को अन्न का सम्मान सिखाएँगे
जरूरतमंद को भोजन देंगे
रसोई को कृतज्ञता का स्थान बनाएँगे

युवा क्या कर सकता है?

एक युवा यदि ठान ले तो—
100 लोगों को भोजन पहुँचा सकता है
local food donation network बना सकता है
स्कूलों में nutrition awareness फैला सकता है
food waste campaign चला सकता है
त्योहारों को भोजन सेवा से जोड़ सकता है
भूख केवल पेट की नहीं होती

कुछ लोग रोटी के भूखे हैं।
कुछ सम्मान के भूखे हैं।
कुछ प्रेम के भूखे हैं।
कुछ अवसर के भूखे हैं।
कुछ ज्ञान के भूखे हैं।

समाज को केवल अन्न नहीं, संवेदना भी बाँटनी होगी।

राज बगला का अन्न संकल्प

मैं भोजन व्यर्थ नहीं करूँगा।
मैं कम से कम एक भूखे को भोजन कराऊँगा।
मैं अन्न का अपमान नहीं करूँगा।
मैं भूख मिटाने को समाज का कर्तव्य मानूँगा।

अंतिम संदेश

जब तक किसी गली में कोई बच्चा भूखा है,
तब तक हमारी प्रगति अधूरी है।

जब तक किसी माँ को अपने हिस्से की रोटी छोड़नी पड़ती है,
तब तक हमारा विकास अधूरा है।

जब तक कोई श्रमिक खाली पेट सोता है,
तब तक हमारी समृद्धि अधूरी है।

इसलिए उठो।
भोजन को दया नहीं, अधिकार समझो।
अन्न को वस्तु नहीं, वरदान समझो।

क्योंकि जहाँ भूख समाप्त होती है, वहीं से सभ्यता महान बनती है।

इस देश ने आज़ादी के बाद अनेक बड़े-बड़े किसान आंदोलन देखे हैं। उन आंदोलनों ने राजनीति की दिशा बदली, कई चेहरों को ऊँचे पदों तक पहुँचा दिया, कुछ लोग सत्ता के शिखर तक भी पहुँच गए। परंतु एक प्रश्न आज भी वहीं खड़ा है—क्या किसानों की मूल समस्या समाप्त हुई?

सच तो यह है कि जिन लोगों को राजनीतिक पद चाहिए थे, उनकी समस्याएँ अवश्य समाप्त हो गईं। उन्हें मंच मिला, शक्ति मिली, पहचान मिली। पर खेतों में खड़ा किसान आज भी अनेक स्थानों पर वही संघर्ष झेल रहा है—ऋण का बोझ, लागत का दबाव, मौसम की मार, उचित मूल्य की प्रतीक्षा और भविष्य की अनिश्चितता।

तो फिर किसान की समस्या किस प्रकार समाप्त होगी?

क्या केवल बड़े आंदोलनों से?
क्या केवल सड़कों पर उतर आने से?
क्या केवल नारों और भाषणों से?

नहीं।

समस्या का अंत केवल शोर से नहीं, समाधान पर कार्य करने से होता है। किसान की पीड़ा का उपचार नीति, तकनीक, बाज़ार, जल प्रबंधन, भंडारण, बीज, शिक्षा, सहकारी व्यवस्था और ईमानदार व्यवस्था से होगा।

जिस दिन खेत का श्रम सम्मान पाएगा,
जिस दिन किसान को उचित मूल्य मिलेगा,
जिस दिन मौसम से लड़ने के साधन होंगे,
जिस दिन बिचौलियों से मुक्ति मिलेगी,
जिस दिन गाँव विकास का केंद्र बनेगा—
उसी दिन किसान की समस्या सच में घटनी शुरू होगी।

इन विषयों पर आगे विस्तार से चर्चा होगी। संभव है कि इस पर एक पृथक ग्रंथ भी लिखना पड़े, क्योंकि किसान का विषय केवल अन्न का विषय नहीं—यह राष्ट्र की रीढ़ का विषय है।

और अंत में एक प्रश्न, जो हर संवेदनशील हृदय को सुनना चाहिए—

किसान, तुम्हारा दर्द कैसा है?

क्या वह सूखे खेतों जैसा फटा हुआ है?
क्या वह कर्ज़ की पर्चियों जैसा भारी है?
क्या वह उस पिता की आँखों जैसा नम है, जो अन्न उगाकर भी अपने घर की चिंता करता है?

जब तक यह प्रश्न जीवित है, तब तक राष्ट्र का कर्तव्य भी जीवित है।

7

भूमि : धरती से समृद्धि

मनुष्य ने जब पहली बार मिट्टी में बीज डाला होगा,
तभी सभ्यता का जन्म हुआ होगा।

भूमि केवल जमीन नहीं है।
भूमि केवल नक्शे की रेखा नहीं है।
भूमि केवल खरीद-बिक्री की वस्तु नहीं है।

भूमि अन्न है।
भूमि आश्रय है।
भूमि सम्मान है।
भूमि आजीविका है।
भूमि आने वाली पीढ़ियों की सुरक्षा है।

जिस समाज ने भूमि का सम्मान किया, वह समृद्ध हुआ।
जिस समाज ने भूमि को केवल लूट का साधन बनाया, वह टूट गया।

भूमि का असली अर्थ

एक किसान के लिए भूमि माँ है।
एक मजदूर के लिए भूमि अवसर है।
एक परिवार के लिए भूमि सुरक्षा है।
एक राष्ट्र के लिए भूमि शक्ति है।

भूमि पर ही घर बनते हैं।
भूमि पर ही खेत उगते हैं।

भूमि पर ही उद्योग खड़े होते हैं।
भूमि पर ही शहर बसते हैं।

इसलिए भूमि का प्रश्न केवल संपत्ति का प्रश्न नहीं, राष्ट्र निर्माण का प्रश्न है।

भूमि संकट क्यों है?

आज भूमि से जुड़े अनेक संकट हैं—

बंजर होती जमीन

उपजाऊ मिट्टी का नाश

अवैध कब्जे

अस्पष्ट कागज़ात

पीढ़ियों के विवाद

किसानों की छोटी जोत

शहरी अतिक्रमण

गलत उपयोग

प्रदूषण से मिट्टी की हानि

भूमि कम नहीं है, समझदारी कम है।

भूमि और किसान

जिस हाथ ने अन्न उगाया, वही हाथ कई बार सबसे कमजोर रह जाता है।

किसान मौसम से लड़ता है।
कर्ज से लड़ता है।
बाजार से लड़ता है।
कभी पानी से लड़ता है, कभी सूखे से।

फिर भी वही पूरे समाज का पेट भरता है।

यदि किसान दुखी है, तो समाज सुरक्षित नहीं हो सकता।

बंजर भूमि : सोया हुआ धन

कई स्थानों पर जमीन पड़ी रहती है—उजाड़, सूखी, अनुपयोगी।
लोग उसे बेकार समझते हैं।

पर बंजर भूमि कई बार सोया हुआ अवसर होती है।

यदि सही योजना हो—

जल संरक्षण

मिट्टी सुधार

वृक्षारोपण

सामुदायिक खेती

सौर ऊर्जा
डेयरी / horticulture
औषधीय पौधे
तो वही भूमि समृद्धि दे सकती है।
भूमि विवाद क्यों होते हैं?
जहाँ भूमि है, वहाँ लालच भी आता है।
विवाद होते हैं क्योंकि—
कागज़ स्पष्ट नहीं
बँटवारा अधूरा
सीमा विवाद
धोखाधड़ी
नकली दस्तावेज़
परिवारिक कलह
भ्रष्ट तंत्र
कई परिवार भूमि के कारण टूट जाते हैं।
भूमि जिसने सुरक्षा देनी थी, वही तनाव का कारण बन जाती है।
भूमि और शहर
शहरों में भूमि सोने से महँगी लगती है।
गाँवों में भूमि कई बार उपेक्षित रहती है।
एक तरफ भीड़भाड़, दूसरी तरफ खाली अवसर।
यदि सही regional development हो,
तो छोटे शहर भी रोजगार और जीवन गुणवत्ता दे सकते हैं।
भूमि बचाने के उपाय
1. स्पष्ट रिकॉर्ड
डिजिटल और साफ स्वामित्व रिकॉर्ड।
2. मिट्टी स्वास्थ्य
soil testing, जैविक सुधार, संतुलित उपयोग।
3. जल प्रबंधन
भूमि जल से जीवित रहती है।
4. उचित zoning
जहाँ खेती होनी चाहिए वहाँ कंक्रीट न भरें।
5. विवाद समाधान

तेज़ और न्यायपूर्ण व्यवस्था।

6. किसान सशक्तिकरण

ज्ञान, बाजार, तकनीक, storage।

हर परिवार भूमि से क्या सीखे?

भूमि हमें सिखाती है—

जितना बोओगे, उतना पाओगे

धैर्य रखो

समय का सम्मान करो

जड़ों से जुड़े रहो

बिना श्रम फल नहीं मिलता

युवा क्या कर सकता है?

एक युवा यदि ठान ले तो—

परिवार की भूमि रिकॉर्ड समझ सकता है

खेती को modern बना सकता है

unused land project शुरू कर सकता है

nursery, orchard, agro-business शुरू कर सकता है

village land mapping awareness कर सकता है

भूमि और राष्ट्र का भविष्य

जो राष्ट्र अपनी भूमि को नष्ट करता है, वह धीरे-धीरे अपनी स्वतंत्रता कमजोर करता है।

जो राष्ट्र अपनी मिट्टी, पानी और किसानों को बचाता है, वह स्थायी शक्ति बनता है।

राज बगला का भूमि संकल्प

मैं भूमि को केवल पैसा नहीं समझूँगा।
मैं मिट्टी का सम्मान करूँगा।
मैं भूमि विवाद नहीं, न्याय का मार्ग चुनूँगा।
मैं जहाँ संभव हो, धरती को उपजाऊ बनाऊँगा।

अंतिम संदेश

मनुष्य आकाश में उड़ सकता है,
समुद्र पार कर सकता है,
तकनीक बना सकता है—

पर अंततः खड़ा उसे भूमि पर ही होना पड़ता है।

धरती को मत लूटो।
धरती को सँवारो।
धरती को बाँटो नहीं, उन्नत करो।

क्योंकि भूमि केवल जमीन नहीं—राष्ट्र की जड़ है।

हम अपने माता-पिता से बचपन से सुनते आए हैं—
यदि अच्छे से पढ़ोगे नहीं, सीखोगे नहीं, जानकारी नहीं लोगे, सक्षम नहीं बनोगे, तो कोई तुम्हारी ज़मीन छीन लेगा।

यह केवल घर की डाँट नहीं थी, यह पीढ़ियों का अनुभव था।

हमने यह भी सुना है—"वह ज़मीन बंजर है, उसका कोई उपयोग नहीं।"
परंतु यदि हम केवल अपने गाँव, अपने क्षेत्र या अपनी कुछ बीघा भूमि तक सोचते रहेंगे, तो समस्या की विशालता कभी समझ नहीं पाएँगे।

मैं आपको बताना चाहता हूँ कि हमारे देश में करोड़ों हेक्टेयर भूमि ऐसी है जो degraded land की श्रेणी में आती है—अर्थात ऐसी भूमि जिसकी उर्वरता घट चुकी है, जो बंजर हो चुकी है, या जिसका उपयोग सीमित रह गया है। यह केवल मिट्टी का विषय नहीं, यह राष्ट्र की उत्पादक शक्ति का विषय है।

जहाँ भूमि बीमार होती है, वहाँ किसान भी संघर्ष करता है।
जहाँ मिट्टी कमजोर होती है, वहाँ गाँव भी कमजोर होते हैं।

किसानों की समस्याएँ केवल मौसम या कीमत तक सीमित नहीं हैं। उन पर कर्ज़ का बोझ है, संसाधनों की कमी है, सिंचाई की कठिनाई है, और सबसे बड़ी बात—भूमि विवाद हैं।

आज न्यायालयों में वर्षों से पड़े लाखों मामलों में भूमि विवादों का बड़ा हिस्सा है। परिवार टूटते हैं, पीढ़ियाँ मुकदमों में बीत जाती हैं, और जमीन का समाधान नहीं निकलता। जो भूमि समृद्धि का स्रोत होनी चाहिए थी, वही कलह का कारण बन जाती है।

सोचिए—

एक ओर बंजर भूमि पड़ी है।
दूसरी ओर उपजाऊ भूमि विवादों में फँसी है।
तीसरी ओर किसान परेशान है।
चौथी ओर युवा गाँव छोड़ रहा है।

तो क्या यह केवल भूमि है?

नहीं।

यह भूमि अब केवल भूमि नहीं रही—
यह समस्या बन चुकी है।
यह फँसाव बन चुकी है।
यह व्यवस्था की परीक्षा बन चुकी है।

भूमि की रक्षा कैसे हो?
भूमि उपजाऊ कैसे बने?
भूमि विवाद कैसे सुलझें?
भूमि का न्यायपूर्ण उपयोग कैसे हो?
गाँव पुनः समृद्ध कैसे हों?

इन प्रश्नों पर पूरी दुनिया विचार कर रही है, और हमें भी करना होगा।

क्योंकि जिस राष्ट्र की भूमि सुरक्षित, उपजाऊ और न्यायपूर्ण व्यवस्था में हो—उसी राष्ट्र का भविष्य मजबूत होता है।

यह मिट्टी मात्र नहीं है।
यही अन्न है।
यही संपत्ति है।
यही सम्मान है।
यही भविष्य है।

लिखा जाता है कि यह केवल मिट्टी मात्र नहीं है—और यह सत्य भी है। क्योंकि मिट्टी केवल धूल का ढेर नहीं, बल्कि जीवन का आधार है। इसी से अन्न उगता है, इसी से वृक्ष खड़े होते हैं, इसी से सभ्यताएँ फलती हैं।

परंतु विडंबना देखिए कि जहाँ मिट्टी को पूजनीय समझा जाना चाहिए, वहीं कई स्थानों पर उसकी तस्करी तक हो रही है। उपजाऊ मिट्टी को एक स्थान से दूसरे स्थान ले जाया जाता है, लालच और तात्कालिक लाभ के लिए धरती की ऊपरी उर्वर परत को हटा दिया जाता है।

जब भूमि की उपजाऊ सतह हट जाती है, तो धीरे-धीरे वह क्षेत्र बंजर होने लगता है।
जहाँ कभी हरियाली थी, वहाँ सूखापन आ जाता है।
जहाँ फसलें लहलहाती थीं, वहाँ उपज घटने लगती है।

मिट्टी का क्षरण केवल प्राकृतिक कारणों से नहीं होता—कई बार यह मनुष्य की अविवेकपूर्ण गतिविधियों से भी होता है। और जब मिट्टी नष्ट होती है, तो केवल खेत नहीं उजड़ते, भविष्य भी कमजोर होता है।

इस विषय में अनेक आयाम हैं—मिट्टी संरक्षण, अवैध खनन, भूमि प्रबंधन, खेती की गुणवत्ता, ग्रामीण अर्थव्यवस्था और पर्यावरणीय संतुलन।

इन सभी गंभीर मुद्दों पर यदि अवसर मिला, तो निस्संदेह एक पृथक पुस्तक लिखकर विस्तार से चर्चा की जा सकती है। क्योंकि मिट्टी का विषय छोटा नहीं है—यह राष्ट्र की जड़ों का विषय है।

8

गरीबी : अभाव से आत्मनिर्भरता

गरीबी केवल जेब की कमी नहीं है।

गरीबी केवल पैसों का अभाव नहीं है।

गरीबी कई बार अवसरों की कमी है, शिक्षा की कमी है, मार्गदर्शन की कमी है, आत्मविश्वास की कमी है।

जिस घर में रोज़ संघर्ष हो, वहाँ सपने भी डरते-डरते जन्म लेते हैं। जहाँ रसोई चिंता में चलती हो, वहाँ भविष्य अक्सर बोझ जैसा लगने लगता है।

गरीबी मनुष्य के शरीर को ही नहीं, उसके मन को भी थका देती है।

गरीबी का असली चेहरा

बहुत लोग गरीबी को केवल फटे कपड़ों में देखते हैं। पर गरीबी कई रूपों में आती है—

कम आय

कर्ज़ में डूबा परिवार

अस्थिर रोजगार

शिक्षा न मिलना

इलाज न करा पाना

बचत न होना

हर महीने डर में जीना

मेहनत बहुत, परिणाम कम

कुछ लोग बाहर से ठीक दिखते हैं, पर भीतर से आर्थिक संघर्ष में टूटे होते हैं।

गरीबी क्यों बनी रहती है?

यदि मेहनत करने वाले लोग इतने हैं, तो गरीबी खत्म क्यों नहीं होती?

कारण अनेक हैं—

अशिक्षा

कौशल की कमी

कम अवसर

गलत वित्तीय आदतें

पीढ़ीगत अभाव

स्वास्थ्य संकट

शोषण

गलत नीतियाँ

आत्मविश्वास की कमी

गलत संगति

कई बार गरीबी पैसे से पहले सोच में घर बना लेती है।

सबसे खतरनाक गरीबी कौन सी है?

सबसे खतरनाक गरीबी वह है जहाँ व्यक्ति मान लेता है—
"मेरे बस का कुछ नहीं।"

जिस दिन मन हार गया,
उस दिन हाथों की मेहनत भी कमजोर हो जाती है।

गरीब होना पाप नहीं।
गरीबी को स्थायी मान लेना दुर्भाग्य है।

इतिहास क्या कहता है?

दुनिया के अनेक महान लोग अभाव से उठे हैं।
कई लोग छोटे घरों से निकले।
कई लोगों के पास धन नहीं था, पर दृष्टि थी।
कई लोगों के पास साधन नहीं थे, पर अनुशासन था।

इसलिए गरीबी प्रारंभ हो सकती है,
पर अंत नहीं होना चाहिए।

गरीबी से बाहर निकलने का वास्तविक मार्ग

1. कौशल

केवल डिग्री नहीं, कमाई योग्य कौशल।

sales

technology
accounting
repair
digital work
communication
trade skills

2. अनुशासन

कम कमाने वाला भी उठ सकता है यदि खर्च नियंत्रित हो। ज़्यादा कमाने वाला भी गिर सकता है यदि आदतें गलत हों।

3. बचत

पहली कमाई से ही बचत की आदत।

4. निवेश

पैसा केवल जमा न हो, बढ़े भी।

5. नेटवर्क

अच्छे लोगों से जुड़ो। अवसर लोग लाते हैं।

6. आत्मविश्वास

जो स्वयं को योग्य मानता है, वही आगे कदम बढ़ाता है।

धन नाश के कारण

कई परिवार कमाते हैं, पर बढ़ते नहीं। क्यों?

दिखावा
नशा
बिना सोचे कर्ज
जुआ / लालच
रिश्तों के झगड़े
बिना हिसाब खर्च
सीखने से दूरी

कमाई से पहले चरित्र संभालो, तभी धन टिकेगा।

गरीब परिवार के बच्चे क्या करें?

यदि तुम अभाव से आते हो, तो याद रखो—

तुम्हें दूसरों से ज्यादा अनुशासन चाहिए। तुम्हें समय का ज्यादा मूल्य समझना होगा। तुम्हें skill जल्दी सीखनी होगी।

तुम्हें excuses छोड़ने होंगे।

तुम्हारी परिस्थिति कठिन है,
पर वही तुम्हारी आग भी बन सकती है।

युवा क्या कर सकता है?

एक युवा यदि ठान ले तो—

₹0 से skill सीख सकता है

freelancing / business शुरू कर सकता है

परिवार का हिसाब सुधार सकता है

digital earning सीख सकता है

दूसरों को भी financial literacy सिखा सकता है

आत्मनिर्भरता का अर्थ

आत्मनिर्भरता का मतलब अकेले रहना नहीं।
इसका अर्थ है—

अपने पैरों पर खड़ा होना

संकट में टूटना नहीं

परिवार का सहारा बनना

अवसर बनाना

सम्मान से जीना

राज बगला का समृद्धि संकल्प

मैं गरीबी को भाग्य नहीं मानूँगा।
मैं skill सीखूँगा।
मैं कमाई से पहले चरित्र बनाऊँगा।
मैं खर्च से पहले बचत करूँगा।
मैं अपने परिवार को ऊपर उठाऊँगा।

अंतिम संदेश

गरीबी कई बार विरासत में मिलती है।
पर समृद्धि भी विरासत बन सकती है।

तुम तय करो—
तुम अभाव आगे बढ़ाओगे या अवसर?
तुम शिकायत छोड़ोगे या निर्माण करोगे?
तुम डरोगे या उठोगे?

आज का संघर्ष कल की शक्ति बन सकता है।

क्योंकि गरीबी अंतिम सत्य नहीं—सही दिशा मिलने तक की अवस्था है।

मुझे कोई भी इस प्रकार समझने का प्रयास न करे कि मैं भी उन लोगों में से हूँ जो गरीबों को अमीर बनाने का वादा करते हैं, पर स्वयं अमीर बन जाते हैं और गरीब वहीं के वहीं रह जाते हैं।

ऐसे लोगों से मिलना हो तो आज के समय में दूर जाने की आवश्यकता नहीं। डिजिटल संसार में ऐसे अनेक चेहरे मिल जाएँगे जो "फाइनेंशियल एजुकेशन" के नाम पर सपने बेचते हैं। कभी उनकी पुरानी यात्रा देखिए—वे साधारण अवस्था से उठे, परन्तु उनके अनुयायियों का कितना उत्थान हुआ, यह भी पूछिए। कुछ लोगों ने लाभ पाया होगा, पर बहुसंख्यक वहीं खड़े रह गए जहाँ पहले थे।

क्योंकि यदि कोई सचमुच एक-दो वीडियो में सबको समृद्ध बनाना सिखा दे, तो फिर उसकी शेष सामग्री कौन देखेगा? यही इस युग की विडंबना है—ज्ञान कम, आकर्षण अधिक बिकता है।

बहुत लोग करोड़ों-अरबों की बातें सिखाते हैं, परंतु स्वयं की वास्तविक उपलब्धियाँ सीमित होती हैं। धन कमाने की बातें करना सरल है, धन सृजन की व्यवस्था बनाना कठिन।

अब मूल विषय पर आते हैं—गरीबी।

गरीबी केवल पैसों की कमी नहीं है। यह अवसरों की कमी है। यह शिक्षा की कमी है। यह कौशल की कमी है। यह सम्मानजनक रोजगार की कमी है। यह पीढ़ियों तक चलने वाला जाल है।

इस बीमारी की जड़ में सबसे बड़ा कारण है—बेरोजगारी और अधूरा रोजगार।

कितने ही लोग पढ़े-लिखे हैं, डिग्रियाँ लीं, पर योग्य कार्य नहीं मिला। इंजीनियर बने, पर इंजीनियर का काम नहीं मिला। कुशलता थी, पर अवसर नहीं मिला। फिर वे कम वेतन वाले कार्यों में लग गए। यह केवल व्यक्ति की समस्या नहीं—यह पूरे परिवार की समस्या बन जाती है।

जब एक युवक संघर्ष करता है, तो उसके साथ माता-पिता, भाई-बहन, भविष्य, सब संघर्ष करते हैं।

आज यदि हम गहराई से देखें, तो हमारे देश की बड़ी जनसंख्या गरीबी, बेरोजगारी, अल्परोज़गारी, असुरक्षित आय और सीमित अवसरों की मार झेल रही है।

फिर जब कोई बाहरी व्यक्ति भारत को गरीब कह देता है, तो हम भावुक होकर विरोध करते हैं। हम कहते हैं—भारत विश्व की बड़ी अर्थव्यवस्था है, तेज़ी से बढ़ रहा है, शीर्ष देशों में है। यह सत्य है। परंतु दूसरा सत्य भी है—विकास का लाभ सब

तक समान रूप से नहीं पहुँचा।

यदि एक छोटे वर्ग के पास अत्यधिक संसाधन हों और विशाल जनसमूह अभी भी संघर्षरत हो, तो हमें केवल गर्व नहीं, आत्ममंथन भी करना चाहिए।

हमें उस भाव को समझना होगा जहाँ राष्ट्र का उत्थान तभी पूर्ण माना जाएगा जब अंतिम पंक्ति का व्यक्ति भी ऊपर उठे।

और इस कार्य का सबसे बड़ा दायित्व किस पर है?

युवाओं पर।

जो युवा आज खड़े हो रहे हैं, जो सोच रहे हैं, जो निर्माण करना चाहते हैं—उनके कंधों पर केवल अपना भविष्य नहीं, समाज का भविष्य भी है।

उनके ऊपर यह भार है कि वे रोजगार बनाएँ।
वे कौशल दें।
वे अवसर दें।
वे गरीब को दया का पात्र नहीं, क्षमता का केंद्र समझें।
वे व्यवस्था बदलें।

इसलिए अपने भीतर उस भाव को जगाइए कि आप केवल स्वयं के लिए नहीं जन्मे हैं।

आप भारत माता के सपूत हैं।
और सपूत होने का प्रमाण वंश से नहीं, कर्तव्य से मिलता है।

यदि आप चाहें, तो अपने देश के लिए खड़े हो सकते हैं।
यदि आप ठान लें, तो अपने समाज को ऊपर उठा सकते हैं।
यदि आप जाग जाएँ, तो आने वाला भारत बदल सकता है।

आपके आसपास जो भी लोग ऊँचे पदों पर हैं, या जो नौकरी की तैयारी कर रहे हैं—विशेषकर सरकारी सेवाओं की—उन्हें एक शब्द सदैव स्मरण रखना चाहिए। यदि वे सरकारी सेवा में जाते हैं, तो वे सत्ता के स्वामी नहीं, जनता के सेवक हैं। क्योंकि सरकार जनता से बनती है, जनता के लिए चलती है, और जनता के प्रति उत्तरदायी होती है।

अर्थ यह है कि ऐसे पद समाज की रक्षा, व्यवस्था की मजबूती और जनकल्याण के लिए बने हैं। उनका उद्देश्य केवल कुर्सी प्राप्त करना नहीं, बल्कि कर्तव्य निभाना है।

परंतु आज एक बड़ी विडंबना यह है कि अनेक लोग इन पदों की तैयारी सेवा भाव से नहीं, बल्कि सुरक्षा, प्रतिष्ठा, वेतन, शक्ति और आने वाली पीढ़ियों के सुख के लिए करते हैं। यह स्वाभाविक भी है कि मनुष्य अपने परिवार का भविष्य

सुरक्षित करना चाहता है। इसमें दोष नहीं है।

परंतु यदि हर व्यक्ति केवल अपने घर की दीवार ऊँची करेगा और राष्ट्र की नींव को भूल जाएगा, तो कुछ परिवार समृद्ध होंगे, पर समाज दुर्बल होता जाएगा।

यदि हजार परिवार सुखी हों और लाखों परिवार संघर्ष में हों, तो राष्ट्र संतुलित नहीं रह सकता।

एक बात सदैव याद रखिए—धन केवल संख्या नहीं है, मूल्य है।

यदि नोटों की गिनती से अमीरी तय होती, तो ऐसे देशों के उदाहरण मिल जाते जहाँ मुद्रा की संख्या बहुत बड़ी है, पर उसकी क्रय शक्ति अत्यंत कम है। करोड़ों की रकम भी यदि एक साधारण वस्तु न दिला सके, तो वह केवल अंक है, वास्तविक समृद्धि नहीं।

धन वही है जो मूल्य दे सके।
धन वही है जिससे जीवन बेहतर हो सके।
धन वही है जो सम्मान, सुविधा, अवसर और स्थिरता में बदल सके।

इसी प्रकार किसी राष्ट्र की मुद्रा की ताकत केवल कागज़ से नहीं, बल्कि उसके उत्पादन, अनुशासन, उद्योग, नवाचार, शिक्षा, निर्यात, स्थिरता और विश्वास से बनती है।

हमें ऐसा भारत बनाना है जहाँ रुपया केवल लेन-देन का साधन न हो, बल्कि सामर्थ्य का प्रतीक बने। जहाँ हमारी मुद्रा का सम्मान हो, जहाँ हम गुणवत्ता, उत्पादन और शक्ति के बल पर दुनिया के सामने खड़े हों।

यह कार्य केवल सरकार का नहीं है।
यह कार्य केवल अर्थशास्त्रियों का नहीं है।
यह कार्य केवल उद्योगपतियों का नहीं है।

यह कार्य युवा पीढ़ी का है।

उन्हीं के हाथों में कौशल है।
उन्हीं के हाथों में नवाचार है।
उन्हीं के हाथों में उद्योग है।
उन्हीं के हाथों में ईमानदार प्रशासन है।
उन्हीं के हाथों में आने वाला भारत है।

यदि वे ध्यान देंगे, तो इतिहास बदलेगा।
यदि वे सोए रहेंगे, तो इतिहास स्वयं को दोहराएगा।

इसलिए उठिए, केवल नौकरी के लिए नहीं—राष्ट्र निर्माण के लिए।
केवल वेतन के लिए नहीं—मूल्य निर्माण के लिए।

केवल अपने घर के लिए नहीं—पूरे भारत के लिए।

9

बीमारी : स्वस्थ भारत का संकल्प

यदि किसी राष्ट्र की सड़कें चमकती हों, इमारतें ऊँची हों, बाजार भरे हों—पर उसके लोग बीमार हों, थके हों, चिंतित हों, निर्बल हों—तो क्या उसे सचमुच विकसित कहा जा सकता है?

नहीं।

किसी भी राष्ट्र की वास्तविक शक्ति उसकी सेना से पहले उसके नागरिकों के स्वास्थ्य में छिपी होती है।

स्वस्थ लोग ही श्रम करते हैं।

स्वस्थ लोग ही सोचते हैं।

स्वस्थ लोग ही निर्माण करते हैं।

स्वस्थ लोग ही राष्ट्र को आगे बढ़ाते हैं।

इसलिए बीमारी केवल व्यक्तिगत समस्या नहीं—राष्ट्रीय प्रश्न है।

बीमारी का बदलता चेहरा

पहले लोग मुख्यतः संक्रमणों से डरते थे।

आज भी कई रोग हैं, पर अब नई चुनौतियाँ बढ़ गई हैं—

मधुमेह

उच्च रक्तचाप

मोटापा

हृदय रोग

तनाव

अवसाद

नींद की कमी

थकान

प्रदूषण से रोग

गलत खान-पान से रोग

आज कई लोग बाहर से सामान्य दिखते हैं, पर भीतर से टूट रहे हैं।

बीमारी क्यों बढ़ रही है?

1. जीवनशैली

मनुष्य का शरीर चलने के लिए बना है,
पर जीवन बैठने वाला हो गया।

2. भोजन

असली भोजन कम, processed food अधिक।

3. नींद की कमी

रातें स्क्रीन में जा रही हैं।

4. तनाव

प्रतिस्पर्धा, तुलना, आर्थिक दबाव, अकेलापन।

5. प्रदूषण

हवा, पानी, शोर, मानसिक प्रदूषण।

6. उपेक्षा

लक्षण आते हैं, पर लोग जांच टालते हैं।

सबसे बड़ा रोग क्या है?

कई बार बीमारी शरीर में नहीं, आदतों में जन्म लेती है।

जो रोज़ देर रात सोता है,
जो रोज़ जंक खाता है,
जो कभी चलता नहीं,
जो हमेशा तनाव में रहता है,
वह धीरे-धीरे रोग आमंत्रित कर रहा है।

अस्पताल कई बार देर से शुरू हुई लड़ाई का मैदान होते हैं।

स्वास्थ्य का वास्तविक अर्थ

स्वास्थ्य केवल रोग न होना नहीं है।

स्वास्थ्य है—

ऊर्जा

साफ मन

स्थिर भावनाएँ

अच्छी नींद

मजबूत शरीर

नियमित पाचन

काम करने की क्षमता

जीवन का उत्साह

जो हर समय थका है, चिड़चिड़ा है, टूट रहा है—वह पूर्ण स्वस्थ नहीं।

स्वस्थ भारत कैसे बनेगा?

1. उपचार से पहले बचाव

रोग होने के बाद इलाज महँगा है।
रोग होने से पहले बचाव सस्ता और श्रेष्ठ है।

2. हर घर स्वास्थ्य शिक्षा

क्या खाना है

कितना चलना है

कितना सोना है

stress कैसे संभालना है

3. बच्चों में आदतें

बचपन की आदतें भविष्य का स्वास्थ्य बनाती हैं।

4. नियमित जांच

BP, sugar, weight, dental, vision आदि।

5. स्वच्छता

साफ पानी, साफ परिवेश, साफ हाथ।

पाँच स्वर्ण नियम

यदि कोई व्यक्ति केवल ये पाँच नियम अपना ले, तो उसका स्वास्थ्य बहुत बदल सकता है—

1. रोज़ चलो या व्यायाम करो

कम से कम 30 मिनट।

2. सही भोजन खाओ

जितना प्रकृति के करीब, उतना अच्छा।

3. पर्याप्त नींद लो

7–8 घंटे।

4. तनाव संभालो

प्राणायाम, ध्यान, प्रार्थना, बातचीत।

5. नशे से दूर रहो

तंबाकू, शराब, हानिकारक आदतें।

मानसिक स्वास्थ्य भी स्वास्थ्य है

कई लोग शरीर पर ध्यान देते हैं, मन पर नहीं।

यदि व्यक्ति—

हर समय दुखी है

निराश है

बेचैन है

डर में जी रहा है

अकेला महसूस करता है

तो उसे भी सहायता चाहिए।

मदद माँगना कमजोरी नहीं है।

गरीब और बीमारी

गरीबी बीमारी लाती है।

बीमारी गरीबी बढ़ाती है।

कमज़ोर भोजन → कमजोर शरीर

कमजोर शरीर → कम कमाई

कम कमाई → इलाज मुश्किल

यह चक्र तोड़ना होगा।

युवा क्या कर सकता है?

एक युवा यदि ठान ले तो—

अपने परिवार का health routine बदल सकता है

exercise group शुरू कर सकता है

junk food awareness फैला सकता है

blood donation drive कर सकता है

mental health पर बात शुरू कर सकता है

राज बगला का स्वास्थ्य संकल्प

मैं अपने शरीर का अपमान नहीं करूँगा।

मैं आलस्य को आदत नहीं बनने दूँगा।

मैं स्वास्थ्य को priority बनाऊँगा।

मैं अपने परिवार को स्वस्थ जीवन सिखाऊँगा।

अंतिम संदेश

धन खोकर फिर कमाया जा सकता है।
समय खोकर शायद कुछ वापस आए।
पर स्वास्थ्य खोने के बाद बहुत कुछ कठिन हो जाता है।

इसलिए बीमारी आने की प्रतीक्षा मत करो।
आज से जीवनशैली बदलो।
आज से शरीर का सम्मान करो।
आज से मन को शांति दो।

क्योंकि स्वस्थ व्यक्ति ही स्वस्थ परिवार बनाता है, और स्वस्थ परिवार ही स्वस्थ राष्ट्र बनाते हैं।

मैं केवल शारीरिक और मानसिक बीमारियों पर नहीं रुकूँगा। मैं उस बीमारी पर भी बात करूँगा जो दिखाई नहीं देती, पर पीढ़ियों को रोक देती है—छोटा सोचने की बीमारी।

यह रोग शरीर में नहीं, दृष्टि में होता है।
यह रोग मन में नहीं, सीमा में होता है।
यह रोग मनुष्य को वहीं रोक देता है जहाँ से उसे उड़ान भरनी चाहिए थी।

युवा पीढ़ी का सबसे बड़ा संकट कई बार संसाधनों की कमी नहीं, कल्पना की कमी होता है।

किसी बुद्धिमान व्यक्ति ने कहा था—
"मैं सोचना उस दिन छोड़ दूँगा, जिस दिन सोचने पर टैक्स लग जाएगा।"

और सत्य यही है—आज तक दुनिया के किसी देश में सोचने पर टैक्स नहीं लगा। विचार अभी भी स्वतंत्र है। कल्पना अभी भी मुक्त है। स्वप्न अभी भी बिना शुल्क के हैं।

तो फिर प्रश्न यह है—
जब सोचने पर कोई कर नहीं, कोई सीमा नहीं, कोई पहरा नहीं—तो हम छोटा क्यों सोचते हैं?

मनुष्य जहाँ तक सोच सकता है, वह प्रायः वहीं तक पहुँच सकता है।

यदि किसी का विचार केवल एक लाख रुपये तक सीमित है, तो उसका प्रयास भी प्रायः वहीं घूमता रहेगा।
यदि किसी का लक्ष्य केवल अपने घर तक है, तो उसकी ऊर्जा भी उतनी ही सीमित रह जाएगी।

यदि कोई केवल हज़ार लोगों तक प्रभाव सोचता है, तो उसका निर्माण भी वैसा ही होगा।

परंतु जिनकी सोच बड़ी होती है, वे साधारण साधनों से भी असाधारण परिणाम ला सकते हैं।

कोई एक पुस्तक लिखकर लाखों जीवन बदल देता है।
कोई एक कोर्स बनाकर पीढ़ियों को कौशल दे देता है।
कोई एक वीडियो से विचार जगाता है।
कोई एक व्यापार से करोड़ों लोगों की समस्या हल कर देता है।
कोई एक कंपनी से उद्योग बदल देता है।

आज की बड़ी कंपनियाँ अचानक नहीं बनीं।
वे पहले किसी के मन में एक विचार के रूप में जन्मीं।

किसी ने सोचा—दुनिया के लोग आसानी से जुड़ सकें।
किसी ने सोचा—ज्ञान सब तक पहुँचे।
किसी ने सोचा—तकनीक हर हाथ तक पहुँचे।
किसी ने सोचा—ऊर्जा का नया मार्ग बने।
किसी ने सोचा—मनुष्य पृथ्वी से आगे भी जा सके।

और फिर विचारों ने कंपनियों का रूप लिया।

इसलिए याद रखिए—
हर साम्राज्य पहले विचार में बनता है, बाद में धरती पर।

मैं आज की युवा पीढ़ी से यही कहूँगा—

अपनी सोच का स्तर बढ़ाइए।
केवल नौकरी तक मत सोचिए।
समस्या समाधान तक सोचिए।
केवल कमाई तक मत सोचिए।
मूल्य निर्माण तक सोचिए।
केवल अपने शहर तक मत सोचिए।
राष्ट्र और विश्व तक सोचिए।

अधिक सोचिए। गहरा सोचिए। बड़ा सोचिए। सही सोचिए।

क्योंकि जो युवा बड़ा सोचता है, वही आने वाले युग का आकार तय करता है।

10

अनपढ़ता : ज्ञान का प्रकाश

अंधकार हमेशा रात से नहीं आता।
कई बार अंधकार उस घर में भी होता है जहाँ बिजली जल रही होती है।
वह अंधकार है—अज्ञान का।

जो पढ़ नहीं सकता, वह कई बार ठगा जाता है।
जो समझ नहीं सकता, वह कई बार दबा दिया जाता है।
जो सोच नहीं सकता, वह दूसरों की सोच पर जीता है।

इसलिए अनपढ़ता केवल अक्षर न जानने की समस्या नहीं है।
यह स्वतंत्रता की समस्या है।
यह सम्मान की समस्या है।
यह भविष्य की समस्या है।

अनपढ़ता का असली अर्थ

बहुत लोग सोचते हैं कि जो हस्ताक्षर कर ले, वही पढ़ा-लिखा है।
कुछ लोग सोचते हैं कि डिग्री हो गई, तो शिक्षा पूरी हो गई।

पर सत्य इससे बड़ा है।

अनपढ़ता के कई रूप हैं—

अक्षर न जानना

पढ़कर समझ न पाना

हिसाब न कर पाना

जानकारी का उपयोग न कर पाना

डिजिटल दुनिया न समझना

सही-गलत में भेद न कर पाना

सोचने की क्षमता का न होना

डिग्रीधारी व्यक्ति भी कई बार शिक्षित नहीं होता।
और बिना डिग्री का व्यक्ति भी कई बार अत्यंत बुद्धिमान होता है।

शिक्षा का वास्तविक अर्थ

शिक्षा केवल नौकरी पाने का साधन नहीं है।
शिक्षा मनुष्य को मनुष्य बनाती है।

सच्ची शिक्षा सिखाती है—

कैसे सोचना है

कैसे सीखना है

कैसे कमाना है

कैसे जीना है

कैसे निर्णय लेना है

कैसे सत्य पहचानना है

कैसे समाज के लिए उपयोगी बनना है

यदि पढ़ाई के बाद भी व्यक्ति डरपोक, आलसी, भ्रमित और निर्भर है, तो शिक्षा अधूरी है।

अनपढ़ समाज का नुकसान

जहाँ शिक्षा कमजोर होती है—

धोखाधड़ी बढ़ती है

अंधविश्वास बढ़ता है

गरीबी बनी रहती है

स्वास्थ्य खराब रहता है

शोषण बढ़ता है

अवसर कम हो जाते हैं

प्रतिभा दब जाती है

अनपढ़ता राष्ट्र की मौन जंजीर है।

बच्चे क्यों पीछे रह जाते हैं?

कई बच्चे बुद्धि से कमजोर नहीं होते,
व्यवस्था से पीछे रह जाते हैं।

कारण—

कमजोर स्कूल
खराब बुनियाद
घर का आर्थिक दबाव
भाषा की समस्या
गलत पढ़ाई पद्धति
प्रेरणा की कमी
मोबाइल व्यसन
मार्गदर्शन की कमी
हर बच्चा चमक सकता है, यदि सही वातावरण मिले।
वयस्क शिक्षा भी जरूरी है
केवल बच्चों को पढ़ाना काफी नहीं।
जो बड़े लोग पढ़ नहीं पाए, उन्हें भी अवसर चाहिए।
कल्पना करो—
एक माँ स्वयं फॉर्म भर सके
एक मजदूर अपना हिसाब समझ सके
एक किसान सरकारी योजना पढ़ सके
एक वृद्ध अपना नाम लिख सके
यह केवल साक्षरता नहीं, सम्मान है।
आज की नई शिक्षा क्या है?
आज केवल किताब पढ़ना काफी नहीं।
नई दुनिया मांगती है—
digital literacy
financial literacy
communication
technology basics
problem solving
language skills
entrepreneurship mindset
जो समय के साथ नहीं सीखेगा, पीछे छूट जाएगा।
टॉपर कैसे बनते हैं?
टॉपर जन्म से अलग नहीं होते।
वे आदतों से अलग होते हैं।
1. नियमितता

2. revision
3. focused study
4. distraction control
5. curiosity
6. practice tests
7. self-belief

जो रोज़ थोड़ा जीतता है, वही बड़ा जीतता है।

युवा क्या कर सकता है?

एक युवा यदि ठान ले तो—

10 बच्चों को free पढ़ा सकता है

village tuition group शुरू कर सकता है

adult literacy drive चला सकता है

career guidance दे सकता है

library movement शुरू कर सकता है

financial literacy content बना सकता है

हर घर ज्ञान मंदिर बने

हर घर में कम से कम—

एक पुस्तक शेल्फ

पढ़ने का समय

बच्चों से प्रश्न पूछना

समाचार समझना

पैसे का basic ज्ञान

भाषा और व्यवहार शिक्षा

घर शिक्षा का पहला विद्यालय है।

राज बगला का ज्ञान संकल्प

मैं सीखना कभी नहीं छोड़ूँगा।
मैं ज्ञान को डिग्री से बड़ा मानूँगा।
मैं कम से कम एक व्यक्ति को पढ़ने में मदद करूँगा।
मैं अज्ञान पर हँसूँगा नहीं, उसे मिटाने में मदद करूँगा।

अंतिम संदेश

जिस समाज के हाथ में पुस्तक होती है,
उसके भविष्य में प्रकाश होता है।

जिस समाज के बच्चे पढ़ते हैं,
उसका कल सुरक्षित होता है।

जिस व्यक्ति ने सीखना बंद कर दिया,
उसने बढ़ना बंद कर दिया।

इसलिए उठो।
पढ़ो।
समझो।
सिखाओ।
और जीवन भर विद्यार्थी बने रहो।

क्योंकि ज्ञान वह दीपक है, जो एक बार जल जाए तो पीढ़ियाँ रोशन कर सकता है।

आज भी हमारे समय की एक बड़ी विडंबना यह है कि ठगी केवल रास्तों पर नहीं, ऑनलाइन माध्यमों से भी हो रही है। किसी ने एक बटन दबाया, किसी ने एक लिंक खोला, किसी ने ओटीपी साझा किया—और देखते ही देखते परिश्रम की कमाई खाते से चली गई।

यह केवल तकनीक की समस्या नहीं है, यह डिजिटल साक्षरता की कमी की समस्या है।

जिस प्रकार पुराने समय में अक्षरज्ञान न होना कमजोरी था, उसी प्रकार आज के युग में डिजिटल ज्ञान न होना भी एक बड़ी कमजोरी बन चुका है।

और यही बात रोजगार पर भी लागू होती है। बेरोज़गारी का एक बड़ा कारण केवल नौकरियों की कमी नहीं, बल्कि उपयुक्त कौशलों की कमी भी है। कई बार हम वर्षों तक ऐसी शिक्षा प्राप्त करते हैं जो जीवन और बाज़ार की वास्तविक आवश्यकताओं से जुड़ नहीं पाती। डिग्रियाँ हाथ में होती हैं, पर अवसर हाथ से निकल जाते हैं।

परंतु इससे पहले एक मूल प्रश्न पर विचार करें—आज भी हमारे देश में अनेक लोग ऐसे हैं जिन्हें पूर्ण साक्षरता का लाभ नहीं मिला। पढ़ना, लिखना, हस्ताक्षर करना, जानकारी समझना, दस्तावेज़ पढ़ना—ये साधारण बातें प्रतीत होती हैं, परंतु यही जीवन बदलने की पहली सीढ़ी हैं।

जो समाज पढ़ नहीं सकता, वह आगे की विद्या तक पहुँचने में संघर्ष करता है।
जो व्यक्ति समझ नहीं सकता, वह ठगा जा सकता है।
जो सीख नहीं सकता, वह अवसरों से दूर रह सकता है।

इसलिए पहला संकल्प होना चाहिए—हर व्यक्ति साक्षर बने।

जब साक्षरता आती है, तब नई विद्या का द्वार खुलता है।
तब कोई मोबाइल चलाना सीख सकता है।
तब कोई बैंकिंग समझ सकता है।
तब कोई ऑनलाइन व्यापार सीख सकता है।
तब कोई नई तकनीक सीख सकता है।

और उसके बाद आता है कौशल।

यदि कोई व्यक्ति प्लंबिंग सीख ले,
कोई बिजली का काम सीख ले,
कोई निर्माण कार्य सीख ले,
कोई मशीन चलाना सीख ले,
कोई कंप्यूटर, डिज़ाइन, कोडिंग, अकाउंटिंग, एआई, मार्केटिंग सीख ले—

तो वह अपने जीवन में सम्मानजनक रोजगार ला सकता है।

आज भी हम देखते हैं कि एक सामान्य मजदूर और एक कुशल मिस्त्री में अंतर होता है। क्यों? क्योंकि मिस्त्री के पास विशेष कौशल है। कौशल ही श्रम को मूल्य देता है।

आज के समय में यह परिवर्तन और तेज़ हो चुका है। कई उद्योगों में तकनीक और एआई पुराने कार्यों को बदल रहे हैं। जो लोग सीखते नहीं, वे पीछे छूटने लगते हैं। जो सीखते रहते हैं, वे आगे बढ़ते हैं।

एक समय था जब डिग्री पर्याप्त थी।
अब समय है जब लगातार सीखना आवश्यक है।

इसलिए जीवन में ऐसी विद्या लाइए जो उपयोगी हो, जो समय के साथ चले, जो समस्या हल करे, जो आय दे, जो सम्मान दे।

परंतु सबसे पहले—देश का हर व्यक्ति साक्षर हो।
फिर कौशलयुक्त हो।
फिर आत्मनिर्भर हो।
फिर सक्षम होकर दूसरों को उठाए।

यही इस अध्याय की प्रेरणा है।

इसी मार्ग से आप भारत माता पर लगी जंजीरों को तोड़ सकते हैं।
इसी मार्ग से समाज को पुनः जागृत कर सकते हैं।
इसी मार्ग से राष्ट्र को समृद्ध बना सकते हैं।
और इसी मार्ग से भारत फिर से सोने की चिड़िया बन सकता है।

11

प्लास्टिक और कचरा : स्वच्छ राष्ट्र का निर्माण

सभ्यता का स्तर केवल ऊँची इमारतों से नहीं मापा जाता।
यह भी देखा जाता है कि उसके रास्ते कितने स्वच्छ हैं, उसकी नदियाँ कितनी निर्मल हैं, और उसके लोग अपने परिवेश के प्रति कितने जिम्मेदार हैं।

जहाँ गंदगी सामान्य लगने लगे,
वहाँ पतन धीरे-धीरे आदत बन जाता है।

जहाँ स्वच्छता संस्कार बन जाए,
वहाँ समृद्धि दरवाज़ा खटखटाती है।

कचरा केवल सड़क पर नहीं होता

बहुत लोग सोचते हैं कि कचरा बस बाहर पड़ा हुआ प्लास्टिक, गंदगी या बदबू है।

पर कचरा कई रूपों में होता है—

सड़कों का कूड़ा
नालियों का प्लास्टिक
नदियों की गंदगी
खुले में फेंका भोजन
धुआँ और प्रदूषण
शोर
अव्यवस्था
लापरवाही

और सबसे बड़ा—सोच का कचरा
जब मनुष्य कहता है, "मुझे क्या?"
वहीं से गंदगी शुरू होती है।
प्लास्टिक का संकट
प्लास्टिक ने सुविधा दी, पर भारी कीमत पर।
एक बार उपयोग, वर्षों तक प्रदूषण
नालियाँ जाम
पशु प्लास्टिक खाकर बीमार
नदियाँ दूषित
मिट्टी खराब
सूक्ष्म प्लास्टिक शरीर तक पहुँचना
जो चीज़ कुछ मिनट उपयोग हो,
वह प्रकृति पर दशकों का बोझ बन सकती है।
कूड़े के पहाड़ क्यों बनते हैं?
क्योंकि हम फेंकना जानते हैं, संभालना नहीं।
घरों में segregation नहीं
recycling कम
wet waste dry waste mix
municipal systems कमजोर
लोगों की आदतें खराब
single-use culture
जब समाज जिम्मेदारी छोड़ देता है,
तो शहर कचरे के पहाड़ उगा देते हैं।
गंदगी का असली नुकसान
गंदगी केवल बदसूरती नहीं है।
यह लाती है—
बीमारी
मच्छर
बदबू
मानसिक तनाव
पर्यटन नुकसान
drainage problem

जलभराव
civic decline
जहाँ कचरा है, वहाँ खर्च भी है।
स्वच्छता क्यों जरूरी है?
स्वच्छता आध्यात्मिक भी है, सामाजिक भी, आर्थिक भी।
साफ जगह पर मन अच्छा लगता है।
साफ शहर में निवेश आता है।
साफ वातावरण में रोग कम होते हैं।
साफ आदतों से चरित्र मजबूत होता है।

जो अपने घर को साफ रखता है पर सड़क गंदी करता है, उसने स्वच्छता सीखी ही नहीं।

समाधान क्या है?
1. घर से segregation
अलग करो:
wet waste
dry waste
hazardous waste
2. composting
रसोई का कचरा खाद बन सकता है।
3. plastic reduction
कपड़े का बैग, refill systems, reuse culture।
4. recycling ecosystem
कचरा resource बन सकता है।
5. strict civic discipline
जहाँ-तहाँ फेंकने पर दंड।
6. public participation
सरकार अकेली नहीं कर सकती।
युवा क्या कर सकता है?
एक युवा यदि ठान ले तो—
weekly clean drive कर सकता है
colony segregation campaign चला सकता है
plastic-free event कर सकता है
awareness videos बना सकता है

school eco-club शुरू कर सकता है

composting सिखा सकता है

घर के पाँच नियम

सड़क पर कुछ मत फेंको

reusable सामान उपयोग करो

बच्चों को discipline सिखाओ

पानी की बोतल carry करो

महीने में एक clean-up day रखो

कचरा और मन

जो व्यक्ति अपने कमरे को संभाल नहीं सकता,
वह कई बार जीवन भी नहीं संभाल पाता।

व्यवस्था बाहर से भीतर जाती है।
साफ वातावरण, साफ मन को जन्म देता है।

राज बगला का स्वच्छता संकल्प

मैं जहाँ-तहाँ कचरा नहीं फेंकूँगा।
मैं प्लास्टिक कम करूँगा।
मैं कम से कम एक क्षेत्र साफ रखने में भाग लूँगा।
मैं दूसरों को शर्मिंदा नहीं, प्रेरित करूँगा।

पिछले पृष्ठों में हम अनेक बार स्वच्छता, कूड़ा प्रबंधन और भारत को स्वच्छ बनाने के विषय पर चर्चा कर चुके हैं। निस्संदेह स्वच्छ भारत अभियान जैसे प्रयासों ने जनजागरण पैदा किया, लोगों को सोचने पर मजबूर किया, और सफाई को राष्ट्रीय विषय बनाया। यह एक महत्वपूर्ण आरंभ था।

परंतु केवल आरंभ पर्याप्त नहीं होता—यात्रा अभी शेष है।

आज भी हमारे देश में विशाल मात्रा में कचरा मौजूद है। शहरों के बाहर ढेर लगे हैं, नालों में बह रहा है, नदियों में पहुँच रहा है, खेतों के किनारे सड़ रहा है, और हवा में जलकर ज़हर बन रहा है। जो आँकड़े दर्ज हैं, वे भी चिंताजनक हैं—और जो मापा ही नहीं गया, वह उससे भी अधिक गंभीर हो सकता है।

और यदि पुराना कचरा साफ भी कर दिया जाए, तो प्रतिवर्ष नया कचरा निरंतर उत्पन्न हो रहा है। अर्थात समस्या स्थिर नहीं है—वह बढ़ती हुई समस्या है।

यही कारण है कि यह केवल सफाई का विषय नहीं, प्रबंधन, नीति, तकनीक, और जनचेतना का विषय है।

कचरे की समस्या का समाधान केवल झाड़ू से नहीं होगा।
उसके लिए चाहिए—

कचरे का पृथक्करण (गीला-सूखा अलग करना)

पुनर्चक्रण (रीसाइक्लिंग)

प्लास्टिक कम करना

कम्पोस्टिंग

वैज्ञानिक लैंडफिल

कचरे से ऊर्जा

स्थानीय निकायों की जवाबदेही

और सबसे ऊपर—जनभागीदारी

यदि हम सोचें कि केवल भारत ही इस संकट से जूझ रहा है, तो यह भ्रम होगा। पूरी दुनिया कचरे के बढ़ते पहाड़ों से जूझ रही है। महासागर प्लास्टिक से भर रहे हैं, धरती पर लैंडफिल बढ़ रहे हैं, और पर्यावरण का संतुलन बिगड़ रहा है।

अर्थात यह केवल भारत का प्रश्न नहीं—मानव सभ्यता का प्रश्न है।

धरती माता कचरे के बोझ तले दबती जा रही है।
नदियाँ घुट रही हैं।
मिट्टी विषाक्त हो रही है।
हवा दूषित हो रही है।

तो हमें क्या करना चाहिए?

सबसे पहले—जागना चाहिए।
दूसरा—अपना कर्तव्य निभाना चाहिए।
तीसरा—व्यवस्था से उत्तर माँगना चाहिए।

हमें स्वयं कूड़ा नहीं फैलाना चाहिए।
जो कचरा है उसे सही स्थान तक पहुँचाना चाहिए।
जहाँ संभव हो पुनः उपयोग करना चाहिए।
जहाँ आवश्यकता हो आवाज उठानी चाहिए।

क्योंकि राष्ट्र केवल सरकार से नहीं बदलता—नागरिकों से बदलता है।

जिस दिन हर व्यक्ति यह ठान लेगा कि “मैं गंदगी नहीं फैलाऊँगा, और फैलने भी नहीं दूँगा,” उसी दिन परिवर्तन आरंभ होगा।

स्वच्छ भारत केवल नारा नहीं है।
यह संस्कार है।
यह जिम्मेदारी है।

यह भविष्य है।

अंतिम संदेश

राष्ट्र केवल संसद से नहीं बनता।
राष्ट्र गली, मोहल्ले, नाली, पार्क, नदी और आदतों से बनता है।

यदि तुम देशभक्त हो,
तो देश को गंदा मत करो।

यदि तुम भविष्य चाहते हो,
तो आज सफाई शुरू करो।

यदि तुम परिवर्तन चाहते हो,
तो झाड़ू उठाने में शर्म मत करो।

क्योंकि स्वच्छता केवल सफाई नहीं—सभ्यता की पहचान है।

12

जीव सेवा : करुणा का धर्म

किसी मनुष्य का वास्तविक चरित्र उसके शब्दों से नहीं जाना जाता। उसकी पहचान इस बात से होती है कि वह अपने से कमजोर के साथ कैसा व्यवहार करता है।

जो शक्तिशाली के सामने विनम्र और निर्बल के सामने कठोर हो, वह अभी मनुष्यत्व से दूर है।

जो मौन प्राणियों के दर्द को समझ ले,
जो भूखे जीव को अन्न दे,
जो घायल प्राणी को सहारा दे,
जो प्रकृति को अपना परिवार माने—
वही करुणा के मार्ग पर चल रहा है।

इसी का नाम है—जीव सेवा।

जीव सेवा क्या है?

जीव सेवा केवल पशु को खाना खिलाना नहीं है।
जीव सेवा केवल भावुकता नहीं है।
यह जीवन के प्रति सम्मान है।

इसमें शामिल है—
पशुओं पर दया
पक्षियों की रक्षा
जलचर जीवन की सुरक्षा

पेड़-पौधों का संरक्षण

प्रकृति संतुलन का सम्मान

घायल जीव की सहायता

अनावश्यक हिंसा से बचना

जब मनुष्य समझता है कि पृथ्वी केवल उसकी नहीं है, तभी जीव सेवा शुरू होती है।

क्यों आवश्यक है जीव सेवा?

क्योंकि जिस समाज में करुणा मर जाती है, वहाँ क्रूरता धीरे-धीरे सामान्य हो जाती है।

आज यदि मनुष्य पशु पर अत्याचार देखकर हँसता है, कल वह मनुष्य पर अत्याचार देखकर भी मौन रहेगा।

करुणा एक अभ्यास है।
जो जीवों पर दया करना सीखता है,
वह मनुष्यों पर भी संवेदनशील होता है।

आज जीव क्यों पीड़ित हैं?

अनेक जीव हमारी गलतियों से दुख झेल रहे हैं—

प्लास्टिक खाना

जल स्रोत सूखना

जंगल कटना

सड़क दुर्घटनाएँ

क्रूर परिवहन

अवैध शिकार

मनोरंजन हेतु अत्याचार

उपेक्षा

गर्मी और प्रदूषण

बहुत से जीव बोल नहीं सकते, इसलिए उनका दर्द दिखाई नहीं देता।

भूखा पशु केवल पशु नहीं है

जब कोई गाय, कुत्ता, पक्षी, बंदर या अन्य जीव भूखा घूमता है, तो वह केवल भोजन नहीं खोज रहा होता।
वह मनुष्य की संवेदना खोज रहा होता है।

सभ्यता का परीक्षण इस बात से भी होता है कि उसके बीच मौन प्राणी कैसे जी रहे हैं।

जीव सेवा और अध्यात्म

बहुत लोग पूजा करते हैं, पर दया नहीं रखते।
बहुत लोग मंत्र बोलते हैं, पर क्रोध से भरे रहते हैं।

यदि हृदय कठोर है,
तो पूजा अधूरी है।

यदि करुणा जागी नहीं,
तो साधना अधूरी है।

सच्ची आध्यात्मिकता का एक लक्षण है—दया।

जीव सेवा कैसे करें?

1. जल सेवा

गर्मी में पक्षियों और पशुओं के लिए स्वच्छ पानी रखें।

2. भोजन सेवा

संतुलित और स्वच्छ भोजन दें, हानिकारक चीजें नहीं।

3. घायल जीव सहायता

स्थानीय vet / rescue contacts रखें।

4. प्लास्टिक हटाएँ

जहाँ पशु खाते हों, वहाँ प्लास्टिक न पड़े रहने दें।

5. वृक्ष लगाएँ

पक्षियों और जीवों का घर बनता है।

6. cruelty report करें

जहाँ अत्याचार दिखे, चुप न रहें।

क्या हर जीव को बचाया जा सकता है?

नहीं।
प्रकृति में जन्म-मरण का चक्र है।

पर अनावश्यक पीड़ा कम की जा सकती है।
यही मनुष्य का कर्तव्य है।

हम सब नहीं बचा सकते,
पर जो सामने है, उसे अनदेखा भी नहीं करना चाहिए।

बच्चों को क्या सिखाएँ?

यदि अगली पीढ़ी संवेदनशील बनानी है, तो बच्चों को सिखाएँ—

पत्थर मत मारो

घोंसले मत तोड़ो

जानवरों को तंग मत करो

पौधों का सम्मान करो

पानी रखो

दया कमजोरी नहीं है

युवा क्या कर सकता है?

एक युवा यदि ठान ले तो—

summer water bowl अभियान चला सकता है

stray animal feeding system बना सकता है

rescue helpline list बना सकता है

plastic-free zone बना सकता है

animal care awareness videos बना सकता है

जीव सेवा और मन की शांति

जो व्यक्ति सेवा करता है, उसका मन हल्का होता है।
जो केवल स्वयं के लिए जीता है, वह जल्दी खाली हो जाता है।

दया हृदय को विस्तृत करती है।
सेवा मन को शुद्ध करती है।

राज बगला का जीव सेवा संकल्प

मैं किसी जीव पर अत्याचार नहीं करूँगा।
मैं जहाँ संभव होगा, सहायता करूँगा।
मैं प्रकृति को अपना परिवार मानूँगा।
मैं बच्चों को दया सिखाऊँगा।

सत्य यही है कि हमारे धर्मग्रंथों में चौरासी लाख योनियों का उल्लेख मिलता है। इसका भाव केवल संख्या बताना नहीं, बल्कि यह समझाना है कि सृष्टि में जीवन के अनगिनत रूप हैं, और मनुष्य उनमें अकेला नहीं है।

यदि मनुष्य जीवन पाकर भी हम प्रत्येक जीव को कष्ट देंगे, प्रकृति को नष्ट करेंगे, निर्बलों को सताएँगे—तो फिर यह प्रश्न उठना स्वाभाविक है कि यदि कभी हमें ही उसी अवस्था का अनुभव करना पड़े, तो हमारे साथ कैसा व्यवहार होगा?

इसीलिए जीव सेवा एक अत्यंत महत्वपूर्ण धर्म बन जाता है।

प्रतिदिन असंख्य जीव किसी न किसी कारण से नष्ट हो जाते हैं। प्राकृतिक चक्र का अपना नियम है—जन्म, जीवन और मृत्यु। परंतु यदि उनकी मृत्यु का

कारण मनुष्य बने, तो यह गंभीर विषय है।

क्या पता किसी नदी में फैलाया गया प्रदूषण लाखों जलजीवों का अंत कर देता हो।

क्या पता समुद्र में फेंका गया प्लास्टिक कितने प्राणियों की साँस रोक देता हो।

क्या पता कितने पक्षी भूख से मरते हों, कितने पशु प्यास से तड़पते हों।

तब उनकी रक्षा कौन करेगा?

उनकी सेवा कौन करेगा?

उत्तर स्पष्ट है—मनुष्य, क्योंकि मनुष्य को विवेक मिला है।

हर धर्म में ऐसे आदर्श व्यक्तित्वों का उल्लेख मिलता है जिन्होंने केवल मनुष्यों के लिए नहीं, समस्त प्राणियों के लिए करुणा दिखाई। किसी परंपरा में उनका नाम अलग होगा, पर भाव एक ही है—जो जीवों की भाषा समझे, उनके कष्ट को अनुभव करे, और उनके लिए खड़ा हो।

एक महान विचार सदा जीवित रहेगा—

यह धरती केवल मनुष्य मात्र की नहीं है।

यह समस्त प्राणियों की है।

यह सभी धरतीवासियों की है।

जो सच्चा शासक है, वह भक्षक नहीं होता—रक्षक होता है।

इसलिए प्रत्येक व्यक्ति को अपने भीतर उस रक्षक भाव को जगाना होगा।

यदि लोग राजा बनने का सोच सकते हैं, करोड़पति बनने का सोच सकते हैं, अरबपति बनने का सोच सकते हैं—तो फिर वे पालक, सेवक, संरक्षक बनने का क्यों नहीं सोच सकते?

हम पहली रोटी गाय को क्यों न दें?

हम अंतिम रोटी किसी कुत्ते को क्यों न दें?

हम किसी भूखे मनुष्य को भोजन क्यों न कराएँ?

हम प्यासे पक्षियों के लिए जल क्यों न रखें?

क्योंकि अन्नदान महादान है।

और सेवा ही सिद्धि का मार्ग है।

जो दूसरों का पेट भरता है, उसका हृदय भरता है।

जो निर्बलों की रक्षा करता है, उसका जीवन अर्थपूर्ण होता है।

जो जीवों से प्रेम करता है, वही ईश्वर के निकट जाता है।

इस विचार को अपने जीवन में उतारिए।

प्रयास कीजिए कि प्रतिदिन कम से कम कुछ जीवों की सेवा अवश्य हो—

किसी को अन्न, किसी को जल, किसी को दया, किसी को संरक्षण।

यदि प्रतिदिन दस जीवनों में भी राहत पहुँचे, तो समझिए आपका दिन सफल हुआ।

अंतिम संदेश

धनवान होना महानता नहीं है।
शक्तिशाली होना भी पर्याप्त नहीं है।

महान वह है
जिसके पास शक्ति हो, फिर भी वह दयालु हो।

यदि तुम इस पृथ्वी पर आए हो,
तो कुछ जीवनों का दर्द कम करके जाओ।

पक्षी तुम्हारा नाम नहीं जानेंगे।
पशु तुम्हें धन्यवाद नहीं कहेंगे।
पेड़ तुम्हें सम्मान पत्र नहीं देंगे।

पर तुम्हारा हृदय जान जाएगा
कि तुम सच में मनुष्य थे।

क्योंकि करुणा से बड़ा कोई धर्म नहीं।

13

स्त्री शक्ति : समाज की धुरी

किसी भी समाज की वास्तविक स्थिति जाननी हो,
तो उसकी इमारतें मत देखो, उसके बाजार मत देखो, उसके भाषण मत सुनो।

देखो—वहाँ स्त्री कितनी सुरक्षित है, कितनी सम्मानित है, कितनी स्वतंत्र है, और कितनी सक्षम है।

जहाँ स्त्री भय में जीती है,
वहाँ सभ्यता अधूरी है।

जहाँ स्त्री सम्मान में जीती है,
वहाँ भविष्य सुरक्षित है।

स्त्री केवल संबंध नहीं, शक्ति है

स्त्री को केवल किसी की बेटी, बहन, पत्नी या माँ कहकर सीमित मत करो।
वह स्वयं एक पूर्ण व्यक्तित्व है।

वह सृजन है।
वह संवेदना है।
वह धैर्य है।
वह बुद्धि है।
वह श्रम है।
वह नेतृत्व है।
वह शक्ति है।

जिस समाज ने स्त्री को पहचाना, वह उन्नत हुआ।
जिस समाज ने स्त्री को दबाया, वह भीतर से कमजोर हो गया।

इतिहास क्या कहता है?

जब भी राष्ट्रों ने प्रगति की,
वहाँ स्त्रियों ने शिक्षा, नीति, कला, विज्ञान, सेवा और नेतृत्व में योगदान दिया।

जहाँ स्त्रियाँ आगे बढ़ीं—
परिवार मजबूत हुए।
बच्चों की शिक्षा सुधरी।
स्वास्थ्य बेहतर हुआ।
आर्थिक स्थिति बढ़ी।
समाज सभ्य हुआ।

स्त्री उत्थान केवल स्त्री का विषय नहीं, पूरे समाज का विषय है।

स्त्री की पीड़ा के रूप

आज भी अनेक स्त्रियाँ संघर्ष करती हैं—

असुरक्षा
उत्पीड़न
शिक्षा से वंचित होना
आर्थिक निर्भरता
घरेलू हिंसा
अवसरों की कमी
सामाजिक दबाव
आवाज़ दबा दी जाना
स्वास्थ्य की उपेक्षा

कई बार उनका संघर्ष दिखाई नहीं देता,
क्योंकि वह मौन में जीया जाता है।

स्त्री सुरक्षा क्यों आवश्यक है?

यदि कोई बेटी भय में स्कूल जाए,
यदि कोई महिला रात में सुरक्षित महसूस न करे,
यदि कोई माँ न्याय के लिए भटके—

तो यह केवल उनकी समस्या नहीं, समाज की विफलता है।

सुरक्षा कोई सुविधा नहीं।
यह मूल अधिकार है।

शिक्षा : सबसे बड़ी शक्ति

स्त्री को यदि एक चीज़ सबसे अधिक बदलती है, तो वह है—शिक्षा।

शिक्षित स्त्री—

बेहतर निर्णय लेती है

बच्चों को ऊपर उठाती है

आर्थिक रूप से मजबूत होती है

स्वास्थ्य समझती है

अन्याय पहचानती है

आत्मविश्वासी होती है

एक लड़की पढ़ती है, तो कई पीढ़ियाँ उठती हैं।

आर्थिक स्वतंत्रता क्यों जरूरी है?

जहाँ केवल निर्भरता है, वहाँ कई बार मजबूरी भी होती है।

जब स्त्री कमाने, संभालने, निर्णय लेने में सक्षम होती है—तब उसका सम्मान बढ़ता है और उसका आत्मविश्वास भी।

Income केवल पैसा नहीं देती, आवाज़ भी देती है।

पुरुषों की भूमिका

स्त्री शक्ति केवल महिलाओं का आंदोलन नहीं। पुरुषों का चरित्र भी इसमें परखा जाता है।

सच्चा पुरुष वह नहीं जो डर पैदा करे। सच्चा पुरुष वह है जो सम्मान दे।

बेटियों को अवसर दे

पत्नी को सहभागी माने

बहनों को बराबरी दे

माँ का श्रम समझे

गलत व्यवहार के विरुद्ध खड़ा हो

समाज क्या करे?

1. सुरक्षा व्यवस्था मजबूत हो
2. तेज़ न्याय हो
3. स्कूलों में सम्मान शिक्षा हो
4. self-defense training हो
5. skill training हो

6. leadership roles बढ़ें
7. menstrual dignity और health support हो

घर क्या करे?

हर घर पाँच नियम बनाए—

बेटी-बेटा समान अवसर

घर के काम सब सीखें

स्त्री की आवाज़ सुनी जाए

अपमानजनक भाषा बंद हो

शिक्षा प्राथमिकता बने

युवा क्या कर सकता है?

एक युवा यदि ठान ले तो—

girls education support कर सकता है

respect-based content बना सकता है

local workshops organize कर सकता है

harassment के विरुद्ध stand ले सकता है

scholarship fund बना सकता है

स्त्री और संस्कृति

कोई संस्कृति महान नहीं कहलाती यदि वहाँ स्त्री पीड़ित हो। मंदिरों में देवी की पूजा और घरों में स्त्री का अपमान—यह विरोधाभास है।

यदि देवी का सम्मान करते हो, तो स्त्री का सम्मान करो।

राज बगला का स्त्री शक्ति संकल्प

मैं स्त्री को वस्तु नहीं, व्यक्तित्व मानूँगा। मैं सम्मानजनक व्यवहार करूँगा। मैं अन्याय देखकर मौन नहीं रहूँगा। मैं बेटियों की शिक्षा और सुरक्षा का समर्थक बनूँगा।

क्या आपने कभी विचार किया है कि सिंधु घाटी सभ्यता को विश्व की महान प्राचीन सभ्यताओं में क्यों गिना जाता है? क्यों उसे केवल नगरों, व्यापार या स्थापत्य के कारण नहीं, बल्कि उसकी सामाजिक संरचना, संतुलन और सांस्कृतिक परिपक्वता के कारण भी विशेष माना जाता है?

उस सभ्यता के अनेक चिन्ह यह संकेत देते हैं कि वहाँ मातृशक्ति, उर्वरता, सृजन और जीवनदायिनी तत्व का गहरा सम्मान था। यह केवल शासन की बात

नहीं थी, यह उस चेतना की बात थी जहाँ जीवन को जन्म देने वाली शक्ति को केंद्र में देखा जाता था।

भारतीय परंपरा में भी यही भाव बार-बार प्रकट होता है। हमारे अनेक ग्रंथों में देवी, शक्ति, माया, प्रकृति, जगदंबा को सर्वोच्च तत्त्व के रूप में वर्णित किया गया है। यहाँ शक्ति केवल स्त्रीलिंग शब्द नहीं, बल्कि सृष्टि को चलाने वाली मूल ऊर्जा है।

विष्णु हों, शिव हों, ब्रह्मा हों—सभी की कार्यशक्ति शक्ति तत्त्व से ही पूर्ण होती है। इसी भाव से कहा गया—

शिवः शक्त्या युक्तो यदि भवति शक्तः प्रभवितुं

अर्थात शक्ति के बिना शिव भी क्रियाहीन हैं।

यहाँ संदेश किसी देवता की तुलना नहीं, बल्कि यह है कि ऊर्जा के बिना चेतना प्रकट नहीं होती, सामर्थ्य के बिना संकल्प पूर्ण नहीं होता।

यजुर्वेद सहित वैदिक साहित्य में भी सृष्टि के मूल में वाक्, प्रकृति, प्रजापति, चेतना और सृजनशील शक्ति के गहरे संकेत मिलते हैं। भारतीय दर्शन में शक्ति को केवल पूजनीय नहीं, अनिवार्य माना गया है।

और जब देवी परंपरा कहती है कि—

समस्त स्त्रियों में मैं ही वास करती हूँ,

तो उसका अर्थ यह है कि प्रत्येक नारी में सम्माननीय चेतना, सृजन, धैर्य, करुणा और शक्ति का अंश है।

इसलिए समाज का धर्म क्या होना चाहिए?

स्त्रियों को वस्तु नहीं, शक्ति समझना

सुरक्षा देना नहीं, सम्मान देना

अवसर सीमित नहीं, समान देना

उनकी गरिमा की रक्षा करना

उनके ज्ञान, नेतृत्व और योगदान को स्वीकारना

जहाँ नारी का अपमान होता है, वहाँ संस्कृति कमजोर होती है।

जहाँ नारी का सम्मान होता है, वहाँ सभ्यता उठती है।

इसलिए शक्ति तत्त्व को स्मरण रखते हुए, समस्त स्त्रियों को आदर, सुरक्षा, सम्मान और समान अवसर के भाव से देखना ही सच्ची साधना है।

अंतिम संदेश

जिस घर में स्त्री रोती है,

वहाँ समृद्धि टिकती नहीं।

जिस समाज में स्त्री डरती है,
वहाँ भविष्य चमकता नहीं।
जिस राष्ट्र में स्त्री उठती है,
वहाँ युग बदलता है।
इसलिए स्त्री शक्ति को दया का विषय मत बनाओ।
उसे नेतृत्व का स्थान दो।
उसे अवसर दो।
उसे सम्मान दो।
क्योंकि स्त्री केवल समाज का हिस्सा नहीं—समाज की धुरी है।

14

सनातन एकत्रीकरण : पहचान का पुनर्जागरण

किसी भी समाज को हराने का सबसे आसान तरीका है—उसे बाँट दो।
उसे उसकी जड़ों से काट दो।
उसे उसके इतिहास से दूर कर दो।
उसे आपस में उलझा दो।
उसे यह भुला दो कि वह कौन है।

जब कोई समाज अपनी पहचान भूल जाता है,
तब उसका पतन बाहर से पहले भीतर शुरू होता है।

इसीलिए आवश्यक है—सनातन एकत्रीकरण।

यह किसी के विरुद्ध अभियान नहीं है।
यह अपने सत्य, अपने मूल्य, अपने ज्ञान और अपनी एकता को फिर से जागृत करने का अभियान है।

सनातन का अर्थ क्या है?

सनातन का अर्थ केवल एक पंथ या परंपरा नहीं है।
सनातन का अर्थ है—जो सत्य है, जो कालातीत है, जो समय के साथ भी जीवित रहता है।

सनातन वह चेतना है जो कहती है—

सत्य का मार्ग चुनो
धर्म से जियो
करुणा रखो

प्रकृति का सम्मान करो

ज्ञान खोजो

आत्मा को पहचानो

सबमें दिव्यता देखो

यह जीवन पद्धति है, केवल पहचान पत्र नहीं।

एकत्रीकरण क्यों जरूरी है?

जब समाज जाति, अहंकार, छोटे विवाद, आपसी ईर्ष्या, और अज्ञान में टूट जाता है,
तो उसकी शक्ति बिखर जाती है।

एक व्यक्ति की शक्ति सीमित है।
एक संगठित समाज की शक्ति असीम है।

जो लोग अलग-अलग हैं, उन्हें दबाना आसान है।
जो लोग जागरूक और जुड़े हुए हैं, उन्हें झुकाना कठिन है।

आज की चुनौतियाँ

आज समाज के सामने अनेक चुनौतियाँ हैं—

इतिहास से दूरी

शास्त्रों की अनभिज्ञता

युवाओं का disconnect

अंधविश्वास बनाम ज्ञान का भ्रम

आपसी विभाजन

नकारात्मक प्रचार

सतही पहचान

कर्म से अधिक बहस

यदि जड़ कमजोर होगी,
तो शाखाएँ भी कमजोर होंगी।

पुनर्जागरण कैसे होगा?

1. ज्ञान से

ग्रंथों को पढ़ो।
समझो।
सही अर्थ जानो।

2. व्यवहार से

यदि जीवन में सत्य, अनुशासन, दया नहीं—
तो केवल नाम से कुछ नहीं बदलता।

3. एकता से

छोटे भेद छोड़कर बड़े लक्ष्य देखो।

4. सेवा से

समाज सेवा सबसे बड़ा संगठन करती है।

5. आधुनिक माध्यमों से

Books, videos, apps, podcasts, education platforms।

सनातन केवल पूजा नहीं है

यदि कोई सोचता है कि सनातन केवल त्योहार, मंदिर या रस्मों तक सीमित है, तो वह अधूरा समझ रहा है।

सनातन में है—

योग

आयुर्वेद

ध्यान

दर्शन

परिवार मूल्य

प्रकृति सम्मान

ज्ञान परंपरा

कला

संगीत

वीरता

सेवा

यह संपूर्ण जीवन दृष्टि है।

युवा की भूमिका

यदि नई पीढ़ी नहीं जुड़ी,
तो परंपरा धीरे-धीरे संग्रहालय बन जाती है।

इसलिए युवाओं को चाहिए—

प्रश्न पूछें

समझकर अपनाएँ

blind follow न करें

शर्म नहीं, गौरव रखें

आधुनिक भाषा में ज्ञान पहुँचाएँ

digital content बनाएँ

क्या एकता का अर्थ समानता है?

नहीं।

एकता का अर्थ यह नहीं कि सब एक जैसे बन जाएँ। एकता का अर्थ है—भिन्न होते हुए भी जुड़े रहना।

जैसे बगीचे में अनेक फूल होते हैं, फिर भी बगीचा एक होता है।

समाज क्या करे?

1. स्थानीय अध्ययन मंडल
2. युवा सेवा दल
3. ग्रंथ चर्चा समूह
4. संस्कार शिविर
5. मंदिरों को community centers बनाना
6. डिजिटल libraries
7. सामाजिक सहयोग नेटवर्क

चेतावनी भी आवश्यक है

एकत्रीकरण का अर्थ कट्टरता नहीं है। ज्ञान के बिना जोश खतरनाक हो सकता है।

यदि शक्ति है, तो विवेक भी होना चाहिए। यदि गर्व है, तो विनम्रता भी होनी चाहिए। यदि संगठन है, तो सेवा भी होनी चाहिए।

राज बगला का सनातन संकल्प

मैं अपनी जड़ों को जानूँगा।
मैं विभाजन नहीं, एकता बढ़ाऊँगा।
मैं अंधानुकरण नहीं, समझकर चलूँगा।
मैं समाज को जोड़ने वाला बनूँगा।

अंत में यह भी स्मरण रहे कि इस अध्याय में मैंने अधिकतर सनातन धर्म के संदर्भ में बात की है, क्योंकि मैं स्वयं उसी परंपरा से जुड़ा हूँ। इसलिए अपने सत्य से मुकरना उचित नहीं होगा। जो व्यक्ति जिस परंपरा में जन्मा है, उससे प्रेम करना, उसे समझना और उसके उत्थान के लिए खड़ा होना स्वाभाविक है।

परंतु इसका अर्थ संकीर्णता नहीं है। सत्य जहाँ भी हो, सम्माननीय है। हर धर्मग्रंथ, हर परंपरा, हर सद्पथ मनुष्य को यही सिखाता है कि व्यक्ति को सत्य, धर्म, कर्तव्य और नैतिकता के साथ खड़ा होना चाहिए। जो अपने ही मूल्यों से विश्वासघात करता है, वह भीतर से दुर्बल हो जाता है। जो धर्ममार्ग पर अडिग रहता है, वही अंततः सम्मान पाता है।

अब एक गहरे विषय पर विचार आवश्यक है।

हमारे समाज में जो तकरार, विभाजन, आपसी कटुता और निरंतर संघर्ष दिखाई देते हैं—वे कई बार स्वाभाविक नहीं होते। अनेक बार उन्हें बढ़ाया जाता है, ताकि समाज टूटे, बिखरे, दुर्बल हो, और फिर कुछ लोग उसका लाभ उठा सकें। जब समाज बँट जाता है, तब नेतृत्व कमज़ोर नहीं होता—जनता कमज़ोर होती है।

इसलिए स्पष्ट रूप से कहना होगा—

यदि हम अपने ही बीच टूटते रहेंगे, तो रक्षा की कल्पना कठिन होगी।

इतिहास में हम पहले बड़े वर्गों में बँटे, फिर छोटे समूहों में, फिर और छोटे-छोटे खाँचों में। जहाँ एकता चाहिए थी, वहाँ पहचानें टकराने लगीं। जहाँ सहयोग चाहिए था, वहाँ दूरी बढ़ने लगी।

यदि इस स्थिति को बदलना है, तो पहला कार्य होगा—एकत्रित होना।

एकत्रित होने का अर्थ यह नहीं कि सब एक जैसे बन जाएँ।
अर्थ यह है कि भिन्नता के बीच भी बंधुत्व रहे।
विचार अलग हों, पर विघटन न हो।
परंपराएँ अलग हों, पर परस्पर सम्मान बना रहे।

यदि हम वसुधैव कुटुम्बकम् के महान विचार को जीवंत करना चाहते हैं, तो उसकी शुरुआत घर से ही होगी।

जो अपने परिवार को जोड़ नहीं सकता, वह विश्व को कैसे जोड़ेगा?
जो अपने समाज में सौहार्द नहीं ला सकता, वह मानवता की बात कैसे करेगा?

इसलिए पहले अपने भीतर एकता,
फिर अपने समाज में एकता,
फिर राष्ट्र में एकता,
और तब विश्व में एकता।

यही सही क्रम है।

जब अपने लोग साथ खड़े होंगे, तभी दूसरों से सच्चा सहयोग संभव होगा।
जब जड़ें मजबूत होंगी, तभी वृक्ष आकाश छू सकेगा।

अंतिम संदेश

जो वृक्ष अपनी जड़ों से कट जाता है,
वह कुछ समय खड़ा रह सकता है, सदा नहीं।
जो समाज अपनी पहचान भूल जाता है,
वह कुछ समय चल सकता है, ऊँचा नहीं उठ सकता।
इसलिए अपनी जड़ों को पहचानो।
ज्ञान से जुड़ो।
एक-दूसरे से जुड़ो।
सेवा से जुड़ो।

क्योंकि जब समाज अपनी पहचान पहचान लेता है, तभी उसका पुनर्जागरण शुरू होता है।

सनातन की रक्षा करनी है" यह भाव यदि सकारात्मक अर्थ में है—अर्थात ज्ञान, संस्कृति, नैतिकता, परंपरा, मंदिरों, ग्रंथों, भाषा, परिवार मूल्यों और समाज सेवा की रक्षा—तो यह रचनात्मक दिशा हो सकती है। रक्षा का सर्वोत्तम मार्ग टकराव नहीं, सशक्तिकरण है।

मैं "20 प्रचलित आरोप" और उनके तथ्यपूर्ण, शांत, मजबूत उत्तर विस्तार से देता हूँ ताकि संवाद में उपयोगी हो। उद्देश्य झगड़ा नहीं, समझ बढ़ाना है।

1. आरोप: सनातन जातिवादी है

उत्तर:

यह सबसे प्रचलित आरोप है। ऐतिहासिक भारत में जाति-आधारित भेदभाव और अस्पृश्यता जैसी गंभीर समस्याएँ रहीं—इसे नकारना गलत होगा। लेकिन इसे सनातन के संपूर्ण दार्शनिक आधार से जोड़ देना भी अधूरा है।

ग्रंथों में वर्ण का विचार कई जगह गुण, कर्म, स्वभाव से जुड़ा बताया गया है। समय के साथ यह जन्म-आधारित कठोर व्यवस्था में बदलता गया।

रक्षा कैसे करें:

भेदभाव का समर्थन न करें

समानता को सनातन मूल्य बताएं

संत रविदास, कबीर, नारायण गुरु, रामानुजाचार्य जैसे सुधारकों का उल्लेख करें

2. आरोप: इतने देवता हैं, इसलिए भ्रमित धर्म है

उत्तर:

सनातन में अनेक देव रूप हैं, पर अनेक परंपराएँ एक परम सत्य को मानती हैं। अलग रूप, अलग साधना मार्ग, अलग मानसिकताओं के लिए प्रतीकात्मक

माध्यम हैं।

जैसे:

शक्ति

ज्ञान

पालन

विनाश-रूपांतरण

प्रकृति

रक्षा कैसे करें:

बताएं कि विविधता = भ्रम नहीं, बहुलता है।

3. आरोप: मूर्ति पूजा अंधविश्वास है

उत्तर:

मूर्ति को पत्थर नहीं, प्रतीक मानकर पूजा की जाती है। यह ध्यान, भाव, अनुशासन और केंद्रित भक्ति का माध्यम है। जैसे फोटो देखकर भाव जागते हैं, वैसे ही मूर्ति से आध्यात्मिक भाव।

रक्षा:

हर सनातनी मूर्ति पूजा अनिवार्य नहीं मानता

वेदांत जैसे मार्ग निराकार भी मानते हैं

4. आरोप: सनातन स्त्री विरोधी है

उत्तर:

इतिहास में पितृसत्ता रही, यह सत्य है। लेकिन सनातन में स्त्री को देवी, शक्ति, विद्या, लक्ष्मी के रूप में भी सम्मान मिला। गार्गी, मैत्रेयी जैसी विदुषियों का उल्लेख मिलता है।

रक्षा:

परंपरा के श्रेष्ठ आदर्श दिखाओ

आधुनिक समानता को समर्थन दो

5. आरोप: सती प्रथा धर्म थी

उत्तर:

सती व्यापक धार्मिक अनिवार्यता नहीं थी, बल्कि सामाजिक कुप्रथा थी। अनेक क्षेत्रों में सीमित रही। सुधारकों और कानून ने इसे समाप्त किया।

6. आरोप: बाल विवाह सनातन ने दिया

उत्तर:

यह सामाजिक-ऐतिहासिक समस्या थी, धर्म का शाश्वत सिद्धांत नहीं। असुरक्षा, आक्रमण, सामाजिक ढाँचे आदि कारणों से बढ़ी।

7. आरोप: विज्ञान विरोधी है

उत्तर:

गलत। भारतीय परंपरा में:

गणित (शून्य, दशमलव)

खगोल

आयुर्वेद

योग

धातु विज्ञान

तर्कशास्त्र

मिले हैं। आधुनिक विज्ञान का method अलग है, परंपरा का क्षेत्र अलग।

8. आरोप: कर्म सिद्धांत गरीब को दोष देता है

उत्तर:

कर्म का सरल अर्थ "कारण-परिणाम" और नैतिक जिम्मेदारी भी है। इसका दुरुपयोग हुआ हो सकता है, पर सही अर्थ निष्क्रियता नहीं।

9. आरोप: भाग्यवाद सिखाता है

उत्तर:

गीता सहित अनेक ग्रंथ पुरुषार्थ, कर्म, तप, संघर्ष, युद्ध, कर्तव्य सिखाते हैं।

10. आरोप: अंधविश्वास बहुत हैं

उत्तर:

हर समाज में लोक-विश्वास होते हैं। अंधविश्वास और दर्शन अलग चीज़ें हैं।

रक्षा:

विवेक अपनाओ

हानिकारक अंधविश्वास छोड़ो

11. आरोप: अस्पृश्यता सनातन का मूल है

उत्तर:

अस्पृश्यता सामाजिक अन्याय है, आध्यात्मिक सत्य नहीं। कई संतों ने इसका विरोध किया।

12. आरोप: यह धर्म ही नहीं, बस जीवनशैली है

उत्तर:

यह सभ्यता + दर्शन + साधना + संस्कृति + आचार का व्यापक ढाँचा है। “केवल lifestyle” कहना अधूरा है।

13. आरोप: इसमें विरोधाभास बहुत हैं

उत्तर:

हाँ, क्योंकि यह केंद्रीकृत एक-पुस्तक मॉडल नहीं है। इसमें बहस, मत, दर्शन, अनेक स्कूल हैं।

14. आरोप: पशु बलि इसका हिस्सा है

उत्तर:

कुछ स्थानीय परंपराएँ थीं/हैं, लेकिन विशाल धारा अहिंसा, सात्त्विक पूजा, फल-फूल, प्रसाद को मानती है।

15. आरोप: सिर्फ कर्मकांड है

उत्तर:

कर्मकांड एक भाग है। बाकी:

योग

ध्यान

भक्ति

सेवा

ज्ञान

वेदांत

नैतिक जीवन

भी हैं।

16. आरोप: आधुनिकता विरोधी है

उत्तर:

आज लाखों लोग योग + टेक + आधुनिक जीवन + परंपरा साथ जीते हैं।

17. आरोप: गरीबों के लिए कुछ नहीं

उत्तर:

अन्नदान, धर्मशाला, गौशाला, सेवा, आश्रम, समुदाय समर्थन जैसी परंपराएँ रही हैं।

18. आरोप: एकता नहीं है

उत्तर:

विविधता अधिक है। फिर भी त्योहार, तीर्थ, रामायण, महाभारत, गीता, संस्कृति साझा सूत्र हैं।

19. आरोप: पुराना है, अप्रासंगिक है

उत्तर:

योग, ध्यान, आयुर्वेद, दर्शन, mindfulness, ecology—आज भी प्रासंगिक हैं।

20. आरोप: सुधार नहीं हो सकता

उत्तर:

भक्ति आंदोलन, समाज सुधार, आधुनिक पुनर्व्याख्या, संवैधानिक परिवर्तन—लगातार सुधार हुए हैं।

सनातन की रक्षा कैसे करें (सच्चा मार्ग)

रक्षा का अर्थ यह नहीं:

गाली देना

हिंसा

झूठ फैलाना

दूसरों से नफरत

रक्षा का अर्थ यह है:

ग्रंथ पढ़ो

बच्चों को सिखाओ

मंदिर साफ रखो

सेवा करो

जातिवाद छोड़ो

महिलाओं का सम्मान करो

सत्य बोलो

डिजिटल content बनाओ

संस्कृत/भारतीय भाषाएँ सीखो

चरित्रवान बनो

सबसे मजबूत रक्षा

जब सनातनी श्रेष्ठ चरित्र वाला होगा, तभी सनातन सम्मान पाएगा।

अंतिम वचन

सनातन की रक्षा तलवार से कम, संस्कार से अधिक होती है।
विवाद से कम, विद्या से अधिक होती है।
नारे से कम, आचरण से अधिक होती है।

15

सप्तशती प्रचार : शक्ति चेतना का विस्तार

जब मनुष्य भय में घिर जाता है,
जब समाज निराशा में डूबने लगता है,
जब अन्याय बढ़ता है,
जब भीतर की आग बुझने लगती है—

तब उसे केवल तर्क नहीं, शक्ति की भी आवश्यकता होती है।

मनुष्य केवल शरीर नहीं है।
वह मन भी है, भाव भी है, विश्वास भी है, चेतना भी है।

जब भीतर शक्ति जागती है,
तभी बाहर संघर्ष जीते जाते हैं।

इसीलिए आवश्यक है—शक्ति चेतना का जागरण।
और उसी मार्ग का एक महान प्रतीक है—दुर्गा सप्तशती।

सप्तशती क्या है?

सप्तशती केवल श्लोकों का संग्रह नहीं है।
यह केवल धार्मिक पाठ नहीं है।

यह मनुष्य के भीतर सोई हुई शक्ति को जगाने का प्रतीक है।
यह बताती है कि अंधकार कितना भी बड़ा हो,
प्रकाश उठ सकता है।

यह सिखाती है कि—

भय पर विजय संभव है

अन्याय स्थायी नहीं है
निराशा अंतिम सत्य नहीं है
शक्ति भीतर भी है
मातृचेतना रक्षक भी है, जागरण भी है

देवी का अर्थ क्या है?

देवी का अर्थ केवल मूर्ति नहीं।
देवी शक्ति है।
देवी बुद्धि है।
देवी करुणा है।
देवी रक्षा है।
देवी प्रेरणा है।
देवी वह चेतना है जो मनुष्य को गिरने से उठाती है।

जब कोई माँ अपने परिवार के लिए लड़ती है—वहाँ देवी है।
जब कोई स्त्री अन्याय के सामने खड़ी होती है—वहाँ देवी है।
जब कोई युवक भय तोड़ता है—वहाँ देवी की शक्ति काम करती है।

प्रचार क्यों?

प्रचार का अर्थ केवल पोस्टर नहीं है।
यहाँ प्रचार का अर्थ है—प्रसार।

आज बहुत लोग तनाव में हैं।
बहुत लोग भय में हैं।
बहुत लोग दिशा विहीन हैं।
बहुत लोग भीतर से टूटे हुए हैं।

उन्हें केवल मनोरंजन नहीं, आंतरिक शक्ति चाहिए।

यदि शक्ति के ग्रंथ लोगों तक सरल भाषा में पहुँचें,
तो लाखों जीवनों को साहस मिल सकता है।

आधुनिक युग में कैसे फैलाएँ?

1. सरल भाषा में अर्थ

लोग श्लोक सुनते हैं, अर्थ नहीं जानते।
अर्थ पहुँचाओ।

2. ऑडियो

पाठ + अर्थ + ध्यान स्वरूप।

3. वीडियो

Animated explanation, stories, symbolism.

4. पुस्तकों द्वारा

सरल, प्रेरक, practical शैली।

5. युवा भाषा में

Strength psychology, courage building, mindset growth.

सप्तशती का मनोवैज्ञानिक अर्थ

देवता = भीतर की सकारात्मक शक्तियाँ
असुर = भय, लोभ, आलस्य, क्रोध, भ्रम

जब देवी असुरों का विनाश करती हैं,
तो उसका एक अर्थ यह भी है कि मनुष्य अपने भीतर के दोषों पर विजय पा सकता है।

महिषासुर केवल बाहर नहीं, भीतर भी है—
जड़ता के रूप में।

रक्तबीज केवल बाहर नहीं, भीतर भी है—
बार-बार लौटती नकारात्मक सोच के रूप में।

चंड-मुंड केवल बाहर नहीं, भीतर भी हैं—
क्रूरता और अविवेक के रूप में।

जब यह समझ आती है,
तो पाठ केवल रस्म नहीं रहता—जीवन मार्ग बन जाता है।

क्या केवल पाठ काफी है?

यदि व्यक्ति पाठ करे और व्यवहार न बदले,
तो लाभ सीमित रहेगा।

शक्ति साधना का अर्थ है—

सत्य बोलना

अनुशासन रखना

भय घटाना

स्त्री सम्मान करना

निर्बलों की रक्षा करना

अन्याय के सामने खड़ा होना

आत्मबल बढ़ाना

युवा क्या कर सकता है?

एक युवा यदि ठान ले तो—

सप्तशती का सरल सार बना सकता है

social media पर शक्ति संदेश फैला सकता है

audio recitation project बना सकता है

महिलाओं के सम्मान अभियान से जोड़ सकता है

courage building workshops कर सकता है

शक्ति और संतुलन

शक्ति बिना विवेक खतरनाक है।
विवेक बिना शक्ति कमजोर है।

इसलिए शक्ति चेतना का अर्थ है—

शक्ति + करुणा

साहस + संयम

तेज + दया

आत्मबल + सेवा

राज बगला का शक्ति संकल्प

मैं भय में नहीं जीऊँगा।
मैं अपने भीतर की कमजोरी से लड़ूँगा।
मैं शक्ति को सेवा में लगाऊँगा।
मैं देवी चेतना को व्यवहार में उतारूँगा।

समस्त अध्यायों में जिन बारह कार्यों का उल्लेख किया गया, उनमें सबसे अंतिम और बारहवाँ कार्य है — सप्तशती प्रचार।

इसका मूल कारण मैं स्पष्ट कर देना चाहता हूँ। हमने प्रारम्भ से ही भगवती राज की स्थापना की बात कही है। भूमिका में भी यह भाव प्रकट किया गया कि हमारा उद्देश्य केवल सामाजिक परिवर्तन नहीं, बल्कि उस दिव्य व्यवस्था की पुनर्स्थापना है जहाँ धर्म, शक्ति, करुणा और न्याय साथ-साथ चलें।

और दुर्गा सप्तशती के बारहवें अध्याय में यह भाव प्रकट होता है कि जहाँ देवी के स्वरूप, महिमा और स्तुति का नित्य स्मरण, पाठ और आदर होता है, वहाँ भगवती की कृपा निवास करती है।

अर्थ स्पष्ट है—
जहाँ चेतना है, वहाँ शक्ति है।
जहाँ शक्ति है, वहाँ संरक्षण है।
जहाँ संरक्षण है, वहाँ उन्नति है।

इसलिए भगवती राज बिना भगवती के स्थापित करना असंभव है।

जो लोग भगवती राज की कल्पना करते हैं, वे शक्ति-पीठों, देवी स्थलों और जागृत परंपराओं को महत्व देते हैं। ऐसे स्थलों में विंध्याचल का विशेष स्थान माना जाता है। अनेक साधकों के लिए वह केवल तीर्थ नहीं, शक्ति का जीवंत केंद्र है।

परंतु इस विचार का मर्म स्थान-विशेष से भी बड़ा है—
जहाँ श्रद्धा है, वहाँ तीर्थ है।
जहाँ शक्ति जागे, वहीं पावन भूमि है।

अब सप्तशती के प्रचार का महत्व समझिए।

सप्तशती केवल एक ग्रंथ नहीं है। यह साहस का स्रोत है।
यह भय से लड़ने की शक्ति देती है।
यह निराशा में आश्रय देती है।
यह अन्याय के सामने खड़े होने का भाव देती है।
यह भीतर की सुप्त चेतना को जगाती है।

अनेक लोग मानते हैं कि इसके एक-एक श्लोक में भी गहन आध्यात्मिक शक्ति निहित है। भक्ति, अनुशासन और श्रद्धा के साथ उसका आश्रय लेने वाला व्यक्ति मानसिक, नैतिक और आध्यात्मिक बल प्राप्त कर सकता है।

परंपरा में यह भी कहा गया है कि जो व्यक्ति जीवन में धर्म, अर्थ और संतुलित भोग के मार्ग पर चलता है, और ईश्वराश्रय रखता है, वह अंततः मुक्ति का अधिकारी बनता है।

यही भाव यहाँ भी है—

यदि जीवन में धर्म हो,
अर्थ सदाचारी हो,
भोग मर्यादित हो,
और चेतना भगवती के चरणों में हो—
तो लोक भी सुधरता है और परलोक का मार्ग भी उज्ज्वल होता है।

इसलिए जो व्यक्ति भगवती राज को केवल शासन नहीं, बल्कि जीवन व्यवस्था मानता है—जहाँ धर्म हो, न्याय हो, शक्ति हो, सेवा हो, स्त्री सम्मान हो, प्रकृति रक्षा हो, और आध्यात्मिकता हो—वह इस मार्ग पर चलते हुए जीवन में भी समृद्ध हो सकता है और आत्मिक शांति भी पा सकता है।

इस विषय पर यदि कभी शास्त्रीय प्रमाण, परंपरागत दृष्टि और विस्तृत विवेचन करना हो, तो निश्चय ही उस पर एक पृथक ग्रंथ लिखा जा सकता है।

दुर्गा सप्तशती का पाठ अत्यंत व्यापक है। इसे संपूर्ण रूप से श्रद्धा और विधि सहित करने में सामान्यतः ढाई से तीन घंटे या उससे अधिक समय लगना स्वाभाविक है। जो साधक नए होते हैं, उन्हें चार से पाँच घंटे भी लग सकते हैं। इसलिए यह समझना आवश्यक है कि साधना में समय लगना कोई बाधा नहीं, बल्कि प्रक्रिया का भाग है।

अब एक महत्वपूर्ण विषय—भाषा।

हिंदी में पाठ करना कोई दोष नहीं है, कोई पाप नहीं है, और न ही यह व्यर्थ है। जो व्यक्ति संस्कृत न जानता हो, पर भावपूर्वक हिंदी में अर्थ सहित पाठ करे, उसे भी पुण्य, शांति और भगवती कृपा प्राप्त हो सकती है। क्योंकि ईश्वर भाव देखते हैं, केवल भाषा नहीं।

हाँ, कुछ परंपरागत विद्वानों का मत यह है कि संस्कृत मंत्रों की ध्वनि, छंद और उच्चारण का अपना विशिष्ट आध्यात्मिक प्रभाव होता है। इसलिए मूल संस्कृत पाठ का महत्व अलग माना जाता है। पर इसका अर्थ यह नहीं कि हिंदी पाठ व्यर्थ है।

सरल सत्य यह है—

संस्कृत पाठ हो तो उत्तम।

अर्थ सहित हिंदी पाठ हो तो भी अत्यंत शुभ।

केवल श्रद्धा से नामस्मरण हो तो भी कल्याणकारी।

जो लोग विस्तृत पाठ नहीं कर सकते, वे देवी के प्रिय नामों का आश्रय ले सकते हैं।

नाम जप सबसे सरल, सहज और गहरा मार्ग है।

एक व्यक्ति दिन में 108 बार नाम ले सकता है।

कोई हजार बार भी ले सकता है।

कोई चलते-फिरते, काम करते, मन ही मन भी जप सकता है।

देवी से जुड़ने का इससे सरल माध्यम बहुत कम है।

जिस प्रकार वैष्णव परंपराओं में हरिनाम की महिमा कही गई, शिव परंपराओं में शिवनाम संकीर्तन का महत्व बताया गया, उसी प्रकार शक्ति परंपरा में देवी नाम का अत्यंत गौरव है।

नाम जप का वास्तविक फल क्या है?

मन शांत होता है

भय कम होता है

आत्मबल बढ़ता है

चित्त एकाग्र होता है

संकट में सहारा मिलता है

भीतर भक्ति जागती है

जब कोई "दुर्गा", "जगदंबा", "भवानी", "चंडी", "अंबे", "माता रानी" आदि नाम लेता है, तो वह केवल शब्द नहीं बोलता—वह अपने भीतर शक्ति का स्मरण करता है।

यही सबसे बड़ी प्राप्ति है।

जीवन में धन, पद, मान सब सीमित हैं।
पर यदि मन में आश्रय, साहस और कृपा का अनुभव हो जाए, तो मनुष्य बहुत कुछ जीत सकता है।

इसलिए यदि विस्तृत साधना संभव न हो, तो भी निराश न हों—

एक नाम से शुरुआत कीजिए।
श्रद्धा से कीजिए।
नियम से कीजिए।
जीवन बदल सकता है।

अंतिम संदेश

जब समाज डरता है,
तो अत्याचार बढ़ता है।

जब समाज जागता है,
तो परिवर्तन आता है।

जब मनुष्य अपने भीतर की शक्ति पहचान लेता है,
तो परिस्थितियाँ भी बदलने लगती हैं।

इसलिए उठो।
अपने भीतर की देवी चेतना जगाओ।
भय तोड़ो।
साहस चुनो।
सेवा चुनो।

क्योंकि जहाँ शक्ति जागती है, वहीं से नया युग शुरू होता है।

16

आंदोलन कैसे बनता है

हर महान परिवर्तन पहले एक विचार होता है।
हर बड़ी क्रांति पहले किसी एक मनुष्य की बेचैनी होती है।
हर आंदोलन पहले एक प्रश्न होता है—

“क्या यह स्थिति ऐसे ही चलती रहेगी?”

जब यह प्रश्न लाखों लोगों के हृदय में एक साथ उठता है, तब इतिहास करवट लेता है।

आंदोलन अचानक नहीं बनते।
वे धीरे-धीरे जन्म लेते हैं—
पीड़ा से, उद्देश्य से, संगठन से, और निरंतरता से।

आंदोलन क्या है?

आंदोलन केवल भीड़ नहीं है।
आंदोलन केवल नारा नहीं है।
आंदोलन केवल विरोध नहीं है।

सच्चा आंदोलन है—

जागृति

दिशा

अनुशासित ऊर्जा

सामूहिक उद्देश्य

लगातार प्रयास

समाधान की शक्ति

जहाँ केवल शोर है, वहाँ आंदोलन नहीं।
जहाँ केवल क्रोध है, वहाँ स्थायित्व नहीं।
जहाँ विचार + अनुशासन + सेवा है, वहीं आंदोलन जन्म लेता है।

आंदोलन कब पैदा होता है?

जब लोग दर्द महसूस करते हैं,
पर चुप रहना छोड़ देते हैं।

जब भूख देखकर लोग कहें—अब कुछ करना होगा।
जब अन्याय देखकर लोग कहें—अब बहुत हुआ।
जब गंदगी देखकर लोग कहें—अब बदलेंगे।
जब समाज टूटे और लोग कहें—अब जोड़ेंगे।

पीड़ा कई बार आंदोलन की माता होती है।

हर आंदोलन के पाँच चरण

1. विचार जन्म लेता है

एक व्यक्ति सोचता है—कुछ बदलना चाहिए।

2. शब्द बनता है

वह विचार भाषण, पुस्तक, वीडियो, पोस्ट, संवाद बनता है।

3. लोग जुड़ते हैं

जो लोग उसी पीड़ा को महसूस करते हैं, वे साथ आते हैं।

4. संगठन बनता है

टीम, भूमिकाएँ, कार्य योजना, अनुशासन बनता है।

5. प्रभाव फैलता है

समाज बदलाव देखने लगता है।

आंदोलन क्यों विफल होते हैं?

कई अच्छे प्रयास बीच में मर जाते हैं क्योंकि—

उद्देश्य साफ नहीं

नेता ego में फँस जाते हैं

केवल विरोध, कोई समाधान नहीं

अनुशासन नहीं

वित्तीय पारदर्शिता नहीं

टीम टूट जाती है

consistency नहीं

publicity ज्यादा, ground work कम

शुरुआत आसान है।
स्थायित्व कठिन है।

भीड़ और संगठन में अंतर

भीड़ भावनाओं से चलती है।
संगठन सिद्धांतों से चलता है।

भीड़ जल्दी आती है, जल्दी जाती है।
संगठन धीरे बनता है, लंबे समय तक चलता है।

यदि तुम्हें lasting impact चाहिए,
तो crowd नहीं, cadre बनाओ।

डिजिटल युग में आंदोलन

आज आंदोलन केवल सड़कों पर नहीं बनते।

वे बनते हैं—

books से

podcasts से

YouTube से

reels से

communities से

apps से

local action groups से

जो कथा कहेगा, वही दिशा देगा।

आंदोलन किस चीज़ पर टिकता है?

1. नैतिक शक्ति

यदि चरित्र नहीं, आंदोलन सड़ जाएगा।

2. स्पष्ट लक्ष्य

लोग जानें—किस लिए जुड़ रहे हैं।

3. measurable action

केवल बातें नहीं, परिणाम।

4. नए leaders बनाना

एक व्यक्ति पर निर्भर आंदोलन कमजोर होता है।

5. सेवा

जहाँ जनता का लाभ है, वहाँ विश्वास है।

राज बगला के 12 काम आंदोलन कैसे बन सकते हैं?

यदि हर शहर में 12 mission cells बनें—
वृक्ष दल
जल दल
भोजन दल
शिक्षा दल
स्वच्छता दल
महिला सुरक्षा दल
जीव सेवा दल
संस्कृति दल
तो यह विचार किताब से निकलकर धरती पर उतर सकता है।
युवा क्या करें?
एक युवा यदि ठान ले तो—
5 दोस्तों से शुरू करे
हर रविवार सेवा करे
content बनाए
reading circle बनाए
local समस्या चुने
छोटे measurable targets रखे
क्रांति हमेशा छोटी टीम से शुरू होती है।
नेता कौन बने?
जो सबसे ज्यादा बोलता है? नहीं।
जो सबसे अमीर है? नहीं।
जो सबसे पुराना है? जरूरी नहीं।
नेता वह—
जो जिम्मेदारी ले
जो श्रेय बाँटे
जो संकट में खड़ा रहे
जो स्वार्थ से ऊपर उठे
जो लोगों को बड़ा बनाए
चेतावनी
आंदोलन को नफ़रत मत बनाओ।
आंदोलन को ego मत बनाओ।

आंदोलन को business scam मत बनाओ।

यदि उद्देश्य पवित्र है,
तो मार्ग भी यथासंभव पवित्र होना चाहिए।

राज बगला का आंदोलन संकल्प

मैं केवल शिकायत नहीं करूँगा।
मैं कम से कम एक समस्या पर काम करूँगा।
मैं 5 लोगों को जोड़ूँगा।
मैं अनुशासन से सेवा करूँगा।
मैं बदलाव को जीवनशैली बनाऊँगा।

आंदोलन बनाने में और एक बिलियन डॉलर कंपनी बनाने में मूल रूप से बहुत अंतर नहीं है। दोनों की शुरुआत एक विचार से होती है। फर्क केवल इतना है कि कौन उस विचार पर टिकता है, कौन उसे आकार देता है, और कौन कठिनाइयों के बीच भी उसे छोड़ता नहीं।

हर बड़ी कंपनी पहले किसी के मन में एक प्रश्न बनकर जन्मी थी।
हर बड़ा आंदोलन पहले किसी के हृदय में एक पीड़ा बनकर उठा था।

दोनों के लिए आवश्यक है—दृढ़ता।

क्योंकि जिस दिन आप अपने विचार को समाज के सामने रखेंगे, उसी दिन प्रश्न भी उठेंगे, उपहास भी होगा, संदेह भी होगा, विरोध भी होगा। यह संसार प्रायः पहले हतोत्साहित करता है, बाद में प्रशंसा करता है।

यदि हर नए विचार को प्रारम्भ में ही सराहा जाने लगे, तो परिवर्तन बहुत शीघ्र हो जाए। पर इतिहास ऐसा नहीं चलता। इतिहास उन्हीं के हाथ लिखा जाता है जो उपहास सहकर भी टिके रहते हैं।

एक प्रश्न बार-बार सामने आता है—
यदि आपने कठिन मार्ग छोड़ दिया, यदि आपने केवल सहज जीवन चुन लिया, तो क्या आने वाली पीढ़ियाँ आपका नाम जानेंगी?

कल का समाज यही पूछेगा—

जब देश संघर्ष में था, तब आप क्या कर रहे थे?
जब समाज टूट रहा था, तब आप कहाँ थे?
जब पर्यावरण बिगड़ रहा था, जब गरीबी बढ़ रही थी, जब संस्कृति कमजोर हो रही थी—तब आप किसमें व्यस्त थे?

क्या आप केवल स्क्रीन पर रील देख रहे थे?
क्या आप केवल शिकायत कर रहे थे?

या आप निर्माण कर रहे थे?

यही अंतर है साधारण जीवन और स्मरणीय जीवन में।

जो लोग भीड़ से अलग चलते हैं, उन्हें रोका अवश्य जाता है। जो ऊपर उठना चाहते हैं, उन्हें नीचे खींचने वाले मिलते हैं। समाज में यह प्रवृत्ति नई नहीं है। परंतु इससे सत्य नहीं बदलता—जो अडिग रहता है, वही आगे बढ़ता है।

आंदोलन नारे से नहीं बनता।
आंदोलन भीड़ से भी नहीं बनता।
आंदोलन बनता है विचार + चरित्र + निरंतरता से।

पहले व्यक्ति स्वयं बदलता है।
फिर उसके जीवन से कुछ लोग प्रेरित होते हैं।
फिर वे लोग मिलकर समूह बनाते हैं।
फिर समूह समाज में चेतना जगाता है।
फिर वही चेतना आंदोलन बनती है।

इसलिए किसी परिवर्तन का बीज छोटा होता है, पर फल विशाल हो सकता है।

यह आवश्यक नहीं कि किसी पुस्तक के निकलते ही परिवर्तन हो जाए।
यह भी आवश्यक नहीं कि दस वर्षों में ही सब बदल जाए।

पर यह संभव है कि यही विचार सौ वर्ष बाद, हजार वर्ष बाद, किसी पीढ़ी के भीतर अग्नि जगा दे।

और फिर भारत एक नई स्वतंत्रता पाए—

गरीबी से स्वतंत्रता
गंदगी से स्वतंत्रता
भ्रष्टाचार से स्वतंत्रता
भय से स्वतंत्रता
हीनभावना से स्वतंत्रता
विभाजन से स्वतंत्रता

तब स्वतंत्रता दिवस केवल उत्सव नहीं, वास्तविक उपलब्धि होगा।

तब भारत को विश्वगुरु कहने पर विवाद नहीं होगा।
तब भारत की शक्ति आँकड़ों, चरित्र, समृद्धि और संस्कृति से स्पष्ट होगी।
तब कोई हमें कमतर कहकर नहीं पुकारेगा।

पर यह तभी होगा जब आंदोलन सफल होगा।

और आंदोलन किसी एक लेखक का नहीं होता।
न किसी एक नेता का।

न किसी एक संगठन का।

सच्चा आंदोलन जनता का होता है।
जागृत समाज का होता है।
कर्तव्यनिष्ठ युवाओं का होता है।

यह आंदोलन किसी व्यक्ति का नहीं—स्वस्थ, शक्तिशाली, जागृत भारत का है।

और दिशा अंततः पुस्तक नहीं देती—
दिशा तब मिलती है जब विचार आपके भीतर जीवित हो जाता है।

अंतिम संदेश

इतिहास बदलने वाले लोग पहले सामान्य ही थे।
उनके पास बस एक चीज़ अलग थी—
उन्होंने शुरुआत कर दी।

मत सोचो कि लाख लोग कहाँ से आएँगे।
पहले सोचो पहला कदम कहाँ से आएगा।

भीड़ बाद में आती है।
पहले साहस आता है।

इसलिए उठो।
सोचो।
जुड़ो।
बनाओ।
चलो।

क्योंकि हर महान आंदोलन किसी एक जागे हुए मन से शुरू होता है।

17

नेतृत्व, अनुशासन और संगठन

कई लोग परिवर्तन चाहते हैं।
कई लोग बड़े सपने देखते हैं।
कई लोग क्रांति की बातें करते हैं।

पर केवल इच्छा से इतिहास नहीं बदलता।
इतिहास बदलता है—नेतृत्व, अनुशासन और संगठन से।

जहाँ केवल जोश है, वहाँ शुरुआत होती है।
जहाँ अनुशासन जुड़ता है, वहाँ परिणाम आते हैं।
जहाँ संगठन जुड़ता है, वहाँ युग बदलते हैं।

नेतृत्व क्या है?

नेतृत्व पद नहीं है।
नेतृत्व कुर्सी नहीं है।
नेतृत्व नाम के आगे लगे किसी शब्द का नाम नहीं है।

नेतृत्व है—

जिम्मेदारी लेना
दिशा देना
संकट में आगे खड़ा होना
श्रेय बाँटना
दोष अपने ऊपर लेना
दूसरों को बड़ा बनाना

जो केवल आदेश देता है, वह मालिक हो सकता है। जो लोगों को उठाता है, वही नेता होता है।

सच्चा नेता कैसा होता है?

सच्चा नेता—

सुनता है

सीखता है

शांत रहता है

निर्णय लेता है

वचन निभाता है

समय पर आता है

मेहनत से पीछे नहीं हटता

टीम को प्रेरित करता है

वह लोगों से यह नहीं कहता—"जाओ।" वह कहता है—"चलो।"

नकली नेता की पहचान

कुछ लोग नेतृत्व का अभिनय करते हैं।

वे—

कैमरे पर सक्रिय, काम में कमजोर

श्रेय लेने में तेज, जिम्मेदारी में धीमे

लोगों को बाँटते हैं

ego से भरे होते हैं

criticism नहीं सहते

टीम से ज्यादा image बचाते हैं

ऐसा नेतृत्व कुछ समय चलता है, स्थायी नहीं।

अनुशासन क्यों आवश्यक है?

प्रतिभा उपयोगी है। प्रेरणा अच्छी है। जोश जरूरी है।

पर अनुशासन के बिना ये सब बिखर जाते हैं।

अनुशासन वह शक्ति है जो—

रोज़ उठाती है

काम पूरा कराती है

आदत बनाती है
परिणाम दिलाती है
जब मन न करे तब भी सही काम करना—यही अनुशासन है।

व्यक्तिगत अनुशासन के स्तंभ

1. समय अनुशासन

जो समय नहीं संभाल सकता,
वह अवसर भी नहीं संभाल सकता।

2. शरीर अनुशासन

कमज़ोर शरीर कई सपनों को धीमा कर देता है।

3. वाणी अनुशासन

गलत शब्द वर्षों का संबंध तोड़ देते हैं।

4. धन अनुशासन

कमाई से पहले खर्च की समझ।

5. मन अनुशासन

भावनाओं का दास नहीं, स्वामी बनना।

संगठन क्या है?

संगठन लोगों की भीड़ नहीं।
संगठन है—

सही लोग
सही भूमिका
सही प्रणाली
सही लक्ष्य
सही संवाद
सही संस्कृति

यदि दस लोग स्पष्ट योजना से काम करें,
तो वे सौ बिखरे लोगों से अधिक प्रभावी हो सकते हैं।

संगठन क्यों टूटते हैं?

कई टीमें शुरू होती हैं, पर टूट जाती हैं क्योंकि—

ego clashes
अस्पष्ट roles
communication failure
unfair credit

trust की कमी
no systems
no discipline
no long-term vision

संगठन भावना से शुरू होता है, प्रणाली से टिकता है।

मजबूत टीम कैसे बने?

1. मिशन स्पष्ट हो
सबको पता हो हम क्यों काम कर रहे हैं।

2. सही लोग चुनो
हर उत्साही व्यक्ति योग्य नहीं होता।

3. roles तय करो
कौन क्या करेगा?

4. review system हो
काम मापा जाए।

5. सम्मान संस्कृति हो
टीम में अपमान poison है।

युवा नेतृत्व कैसे सीखे?

एक युवा आज से शुरू कर सकता है—
घर की जिम्मेदारी लेकर
3 दोस्तों की छोटी टीम बनाकर
local project चलाकर
event organize करके
time discipline रखकर
बोलने से ज्यादा करके
नेतृत्व practice से आता है।

महान नेता की मनोविज्ञान

महान नेता जानते हैं—

लोग केवल आदेश नहीं चाहते। वे सम्मान चाहते हैं।
वे उद्देश्य चाहते हैं।
वे growth चाहते हैं।

वे सुने जाना चाहते हैं।

जो यह समझ गया,

वह लोगों को जोड़ सकता है।

राज बगला मिशन में संगठन कैसा हो?

यदि 12 काम करने हैं, तो structure चाहिए—

City coordinators

Youth teams

Media team

Finance transparency team

Training team

Seva execution team

Women leadership wing

Rural outreach wing

विचार को व्यवस्था चाहिए।

राज बगला का नेतृत्व संकल्प

मैं नाम नहीं, काम चुनूँगा।

मैं पहले स्वयं अनुशासित बनूँगा।

मैं टीम का सम्मान करूँगा।

मैं श्रेय बाँटूँगा।

मैं संकट में पीछे नहीं हटूँगा।

मुख्य भाव यहाँ यह है कि नेतृत्व पद से नहीं, पात्रता से जन्म लेता है।

वह नेतृत्व वही करेगा जिसने पहले स्वयं जीवन को साधा हो, जिसने केवल उपदेश नहीं दिए हों बल्कि अपने आचरण से मार्ग दिखाया हो। जो व्यक्ति अनुशासन, सेवा, त्याग, करुणा, साहस और शक्ति से युक्त जीवन जी चुका है—वही लोगों का सच्चा मार्गदर्शक बन सकता है।

जिसे यहाँ आप भगवतीमय जीवन कह रहे हैं, उसका अर्थ है ऐसा जीवन जिसमें—

शक्ति हो, पर अहंकार न हो

करुणा हो, पर कमजोरी न हो

अनुशासन हो, पर कठोरता न हो

भक्ति हो, पर अंधता न हो

सेवा हो, पर स्वार्थ न हो

जो इन गुणों को जी लेता है, वही दूसरों के लिए उदाहरण बनता है।

लोग शब्दों से कम, व्यक्तित्व से अधिक सीखते हैं।
वे भाषण से कम, जीवन देखकर अधिक बदलते हैं।

जब कोई व्यक्ति स्वयं आदर्श बनता है, तब लोग उससे प्रेरणा लेते हैं। फिर धीरे-धीरे कुछ लोग उसी मार्ग पर चलने लगते हैं। फिर विचार से समूह बनता है, समूह से संगठन बनता है, और संगठन से परिवर्तन की शक्ति जन्म लेती है।

यही किसी भी महान आंदोलन का क्रम है।

जहाँ समान उद्देश्य वाले लोग मिलते हैं, वहाँ केवल भीड़ नहीं बनती—संग बनता है।

संग का अर्थ है ऐसा समुदाय जहाँ लोग एक-दूसरे को गिराते नहीं, उठाते हैं।
जहाँ ईर्ष्या नहीं, प्रेरणा होती है।
जहाँ भ्रम नहीं, दिशा होती है।
जहाँ स्वार्थ नहीं, सामूहिक कल्याण होता है।

और जब मनुष्य सत्य, सेवा और धर्म के लिए संगठित होता है, तब उसे भीतर से एक दिव्य बल मिलता है। कुछ लोग उसे ईश्वर का मार्गदर्शन कहते हैं, कुछ अंतरात्मा की आवाज़, कुछ कृपा, कुछ चेतना। नाम अलग हो सकते हैं, अनुभव एक ही है।

ऐसे मार्ग पर चलने वालों को अक्सर लगता है कि—

संकटों में भी रास्ता मिल जाता है

सही समय पर सही लोग मिल जाते हैं

कठिन समय में साहस आ जाता है

भ्रम के समय दिशा मिल जाती है

यही आध्यात्मिक सहारा है।

और जहाँ तक स्वप्न की बात है—

हर स्वप्न पूरा नहीं होता, पर जो स्वप्न
दृढ़ संकल्प, तप, श्रम, समय और निरंतरता से सींचा जाए,
वह एक दिन वास्तविकता बन सकता है।

यह नियति नहीं, कर्म का नियम है।

इसलिए यदि उद्देश्य बड़ा है, तो पहले स्वयं को बड़ा बनाइए।
यदि राज्य बदलना है, तो पहले जीवन बदलिए।
यदि समाज जगाना है, तो पहले स्वयं जागिए।

तब नेतृत्व अपने आप आपके पास आएगा।

अंतिम संदेश

बिना नेतृत्व लोग भटकते हैं।
बिना अनुशासन लोग रुकते हैं।
बिना संगठन लोग टूटते हैं।

यदि तुम्हें युग बदलना है,
तो पहले स्वयं को व्यवस्थित करो।

नेता बनना मत चाहो।
इतना उपयोगी बनो कि लोग तुम्हें नेतृत्व सौंप दें।

क्योंकि सच्चा नेता चुना नहीं जाता—विश्वास से उभरता है।

18

डिजिटल युग में विचार युद्ध

हर युग की अपनी युद्धभूमि होती है।
कभी मैदानों में युद्ध होते थे।
कभी सीमाओं पर।
कभी दरबारों में।
कभी सड़कों पर।

आज का सबसे बड़ा युद्ध कई बार स्क्रीन पर होता है।

मोबाइल की छोटी स्क्रीन आज लाखों मनों का द्वार है।
जो वहाँ पहुँचता है, वह विचारों तक पहुँचता है।
जो विचारों तक पहुँचता है, वह भविष्य तक पहुँचता है।

इसलिए आज का समय केवल सूचना का युग नहीं है—
यह विचार युद्ध का युग है।

विचार युद्ध क्या है?

यह बंदूक का युद्ध नहीं।
यह मन पर प्रभाव का युद्ध है।

यह युद्ध चलता है—

narratives से
stories से
news से
memes से

videos से
music से
trends से
algorithms से
जो बार-बार देखा जाता है,
वही सच जैसा लगने लगता है।

आज सबसे बड़ा खतरा क्या है?
सूचना की कमी नहीं।
सूचना की बाढ़ है।

खतरा है—
भ्रम
आधा सच
झूठी खबर
attention theft
addiction
shallow thinking
constant distraction
emotional manipulation

यदि मनुष्य सोचने की शक्ति खो दे,
तो वह आसानी से चलाया जा सकता है।

स्क्रीन क्यों शक्तिशाली है?

क्योंकि मनुष्य कहानी से प्रभावित होता है।
तथ्य याद नहीं रहते, कथाएँ रहती हैं।

एक वीडियो मिनटों में असर कर सकता है।
एक reel आदत बदल सकती है।
एक speech दिशा बदल सकती है।
एक गलत narrative पीढ़ी भ्रमित कर सकता है।

जो कथा कहेगा, वही दिशा देगा

यदि अच्छे लोग चुप रहेंगे,
तो खाली स्थान कोई और भर देगा।

यदि सत्य बोलने वाले मौन रहेंगे,
तो शोर झूठ का होगा।

यदि रचनात्मक लोग content नहीं बनाएँगे,
तो सतही चीजें मन भर देंगी।

इसलिए digital दुनिया में निष्क्रिय रहना भी निर्णय है।

युवा क्यों फँसते हैं?

क्योंकि platforms मनोविज्ञान समझते हैं।

वे जानते हैं—

curiosity कैसे जगानी है

dopamine कैसे देनी है

scrolling कैसे बढ़ानी है

outrage कैसे बेचना है

तुलना कैसे बढ़ानी है

यदि उपयोगकर्ता सजग नहीं है,
तो वह user नहीं, product बन जाता है।

डिजिटल अनुशासन

1. consume कम, create ज़्यादा

केवल देखते मत रहो। कुछ बनाओ।

2. सुबह उठते ही फोन मत पकड़ो

पहला घंटा मन का होता है।

3. intentional usage

क्यों खोल रहे हो? तय करो।

4. समय सीमा

अनंत scrolling जीवन खा जाती है।

5. quality input

जो देखते हो, वही सोच बनता है।

सकारात्मक विचार युद्ध कैसे जीतो?

1. शिक्षा content बनाओ

ज्ञान फैलाओ।

2. प्रेरणा content बनाओ

लोगों को उठाओ।

3. problem-solving content बनाओ

वास्तविक मदद दो।

4. संस्कृति content बनाओ

पहचान जोड़ो।

5. skill content बनाओ

रोज़गार, growth, mindset।

राज बगला के 12 काम डिजिटल कैसे फैलें?

कल्पना करो—

पेड़ पर reels

जल बचाओ short videos

भूख पर donation network app

शिक्षा YouTube series

women safety campaign

जीव सेवा pages

सनातन knowledge shorts

सप्तशती audio app

एक पुस्तक आंदोलन बन सकती है यदि digital शक्ति जुड़ जाए।

Personal Brand बनाम Purpose Brand

कई लोग fame बनाते हैं।
कुछ लोग mission बनाते हैं।

Fame जल्दी आता है, जल्दी जाता है।
Purpose गहरा जाता है।

यदि तुम्हारा content लोगों का जीवन बेहतर कर रहा है,
तो वह टिकेगा।

डिजिटल योद्धा कौन है?

वह जो—

सत्य जाँचता है

बिना कारण नफरत नहीं फैलाता

लोगों को uplift करता है

skill देता है

clarity देता है

discipline रखता है

खुद addiction में नहीं डूबता

राज बगला का डिजिटल संकल्प

मैं समय बर्बाद नहीं करूँगा।
मैं content का गुलाम नहीं बनूँगा।
मैं स्क्रीन को साधन बनाऊँगा।
मैं digital शक्ति से समाज सुधारूँगा।

जिस प्रकार अनेक लोग संतों, आचार्यों और आध्यात्मिक व्यक्तित्वों को देखकर प्रेरित होते हैं, उसी प्रकार हर युग में कुछ व्यक्तित्व समाज में चेतना जगाते हैं। कोई प्रवचन से प्रेरित करता है, कोई सेवा से, कोई भक्ति से, कोई संगठन से, और कोई अपने जीवन के उदाहरण से।

इतिहास गवाह है कि जब भी किसी ने सच्चे भाव से लोकमंगल का कार्य किया, लोग उससे जुड़े। किसी ने नामस्मरण को पुनर्जीवित किया, किसी ने भक्ति आंदोलन खड़ा किया, किसी ने समाज को एकत्रित किया, किसी ने आत्मविश्वास जगाया।

आज का युग अलग है—यह डिजिटल युग है।

इसे कमजोरी समझना भूल होगी।
यह वही साधन है जो भ्रम भी फैला सकता है और जागरण भी।
यह वही माध्यम है जो व्यर्थता भी बढ़ा सकता है और ज्ञान भी।

इसलिए यदि कोई व्यक्ति अपने जीवन में अनुशासन, सेवा, भक्ति, समाजहित, प्रकृति रक्षा, नारी सम्मान, चरित्र निर्माण, राष्ट्रनिर्माण जैसे कार्य कर रहा है—और उसे ईमानदारी से डिजिटल माध्यमों पर साझा करता है—तो उससे और लोग प्रेरित हो सकते हैं।

जब अच्छे विचार बार-बार दिखते हैं, तो वे धीरे-धीरे संस्कृति बनते हैं।
जब श्रेष्ठ आचरण बार-बार दिखता है, तो वह ट्रेंड बन सकता है।
जब हजार लोग सत्य बोलते हैं, तो लाख सुनते हैं।

यही इस युग की शक्ति है।

परंतु यहाँ एक बात स्पष्ट रहनी चाहिए—
प्रचार का उद्देश्य व्यक्ति-पूजा नहीं, विचार-प्रसार होना चाहिए।
नाम कमाने की भूख नहीं, कार्य बढ़ाने की इच्छा होनी चाहिए।
फेम नहीं, प्रभाव चाहिए।

यदि कोई अच्छा काम करता है और लोग उससे जुड़ते हैं, तो यह स्वाभाविक है। पर केंद्र व्यक्ति नहीं, उद्देश्य होना चाहिए।

आपने सही भाव कहा—यह किसी एक व्यक्ति की विचारधारा नहीं होनी चाहिए।

यह कार्य उन सबका है जो चाहते हैं कि—

भारत स्वच्छ हो

नदियाँ सुरक्षित हों

समाज संगठित हो

युवा जागें

धर्म का सार जीवित रहे

भविष्य की पीढ़ियाँ बेहतर जीवन पाएँ

लोग सेवा से सम्मान कमाएँ

यही सच्चा नाम है।

यही सच्ची कीर्ति है।

यही वह संतोष है जो धन से नहीं मिलता।

और इतिहास भी यही कहता है—कोई परिवर्तन अकेला व्यक्ति नहीं करता।

कुछ नाम बड़े हो जाते हैं, पर पीछे असंख्य लोगों का त्याग, जेल, संघर्ष, श्रम, संगठन और बलिदान होता है। स्वतंत्रता भी सामूहिक प्रयास से आई थी।

आज यदि नई जंजीरें हैं—गरीबी, गंदगी, विभाजन, अज्ञान, नशा, भ्रष्टाचार, निराशा, पर्यावरण संकट—तो इन्हें भी सामूहिक प्रयास से ही तोड़ा जाएगा।

एक जागृत समाज, लाखों जिम्मेदार लोग, और साझा उद्देश्य—यही परिवर्तन का सूत्र है।

इसलिए यदि आप सेवा भाव रखते हैं:

डिजिटल माध्यम का उपयोग कीजिए

अच्छे कार्य दिखाइए

लोगों को जोड़िए

स्वयं उदाहरण बनिए

व्यक्ति नहीं, मिशन को आगे रखिए

तब कोई भी महान परिवर्तन असंभव नहीं।

भविष्य एक आदमी नहीं बनाता।

भविष्य जागृत लोग मिलकर बनाते हैं।

अंतिम संदेश

आज युद्ध तलवार से कम, ध्यान पर ज्यादा है।

जो तुम्हारा ध्यान जीत लेता है,

वह धीरे-धीरे तुम्हारा जीवन दिशा भी जीत सकता है।

इसलिए अपना मन सुरक्षित रखो।
अपना समय बचाओ।
अपनी स्क्रीन को मंदिर भी बना सकते हो, बाजार भी।

निर्णय तुम्हारा है।

क्योंकि डिजिटल युग में सबसे बड़ी शक्ति वही है, जो मनों को दिशा दे सके।

19

धन, सेवा और राष्ट्र निर्माण

धन को लेकर समाज में दो तरह की गलत धारणाएँ मिलती हैं।

पहली—धन ही सब कुछ है।

दूसरी—धन बुरा है।

दोनों अधूरी हैं।

धन न भगवान है, न दानव।

धन एक शक्ति है।

जिसके हाथ में जाता है, उसका स्वभाव बढ़ा देता है।

सज्जन के हाथ में जाए तो सेवा बढ़ती है।

स्वार्थी के हाथ में जाए तो शोषण बढ़ता है।

इसलिए प्रश्न धन का नहीं, दिशा का है।

धन क्यों आवश्यक है?

कई लोग आदर्शवाद में कहते हैं—हमें पैसे से क्या लेना?

पर सत्य यह है—

स्कूल खोलने को धन चाहिए

अस्पताल बनाने को धन चाहिए

गरीबों की सहायता को धन चाहिए

research को धन चाहिए

स्वच्छता व्यवस्था को धन चाहिए

आंदोलन चलाने को धन चाहिए

media और technology को धन चाहिए

भावना आवश्यक है।

पर बड़े कार्यों के लिए संसाधन भी आवश्यक हैं।

गरीबी का रोमांटिकरण मत करो

कुछ लोग गरीबी को पवित्रता समझ लेते हैं।

अभाव कई बार मनुष्य को महान भी बना सकता है,
पर गरीबी स्वयं कोई आदर्श नहीं है।

गरीबी में—

अवसर कम होते हैं

स्वास्थ्य टूटता है

शिक्षा रुकती है

तनाव बढ़ता है

प्रतिभा दबती है

इसलिए उद्देश्य होना चाहिए—सम्मानजनक समृद्धि।

धन कमाने का सही मार्ग

धन का सर्वोत्तम मार्ग है—मूल्य निर्माण।

जो समस्या हल करता है, वह कमाता है।
जो सुविधा देता है, वह कमाता है।
जो ज्ञान देता है, वह कमाता है।
जो रोजगार देता है, वह कमाता है।
जो innovation करता है, वह कमाता है।

तेज़ पैसा कई बार तेज़ी से चला भी जाता है।
स्थायी धन सेवा और मूल्य से आता है।

धन और चरित्र

यदि चरित्र कमजोर है,
तो धन खतरनाक हो सकता है।

धन बढ़े और साथ में बढ़े—

अहंकार

व्यसन

दिखावा

भ्रष्टाचार

क्रूरता

तो व्यक्ति बाहर से बड़ा, भीतर से छोटा हो जाता है।

सच्ची समृद्धि में धन के साथ मर्यादा भी होती है।

सेवा क्यों आवश्यक है?

केवल अपने लिए कमाने वाला जल्दी खाली हो जाता है। जो समाज के लिए कमाता है, वह गहरा संतोष पाता है।

सेवा का अर्थ केवल मुफ्त बाँटना नहीं। सेवा का अर्थ है—

लोगों का जीवन बेहतर करना

समस्या कम करना

अवसर बढ़ाना

सम्मान देना

uplift करना

Business भी सेवा हो सकता है, यदि वह ईमानदार और उपयोगी हो।

राष्ट्र निर्माण कैसे होता है?

राष्ट्र केवल सरकार से नहीं बनता। राष्ट्र बनता है—

उद्यमियों से

शिक्षकों से

किसानों से

श्रमिकों से

वैज्ञानिकों से

सैनिकों से

ईमानदार नागरिकों से

दानवीरों से

विचारकों से

हर productive नागरिक राष्ट्र निर्माता है।

धनवान व्यक्ति राष्ट्र के लिए क्या कर सकता है?

1. रोजगार दे सकता है
2. schools/skill centers बना सकता है
3. healthcare support कर सकता है
4. research fund कर सकता है

5. clean city projects कर सकता है
6. scholarships दे सकता है
7. ethical media बना सकता है

धन यदि राष्ट्र सेवा में लगे,
तो पीढ़ियाँ बदल सकती हैं।

युवा क्या करें?

यदि तुम युवा हो—

पहले earning skill सीखो।
फिर savings सीखो।
फिर investment सीखो।
फिर systems सीखो।
फिर सेवा जोड़ो।

कमाओ भी।
बढ़ो भी।
लौटाओ भी।

राज बगला मॉडल

कल्पना करो—

यदि हजार युवा सफल होकर हर वर्ष—

100 पेड़ लगाएँ
10 बच्चों की पढ़ाई कराएँ
local cleanliness fund करें
महिलाओं की skill training कराएँ
गौशाला/animal care support करें
जल संरक्षण करें

तो राष्ट्र बदल सकता है।

धन का मनोविज्ञान

धन वहाँ जाता है जहाँ—

trust है
skill है
consistency है
value है
leadership है

problem-solving है
और धन वहाँ टिकता है जहाँ—
discipline है
humility है
long-term thinking है
राज बगला का समृद्धि संकल्प
मैं धन से नहीं डरूँगा।
मैं धन का दास नहीं बनूँगा।
मैं मूल्य देकर कमाऊँगा।
मैं चरित्र के साथ बढ़ूँगा।
मैं समृद्धि का कुछ भाग समाज को लौटाऊँगा।

इसे समस्या के रूप में मत देखिए।
इसे माध्यम के रूप में देखिए।
इसे शक्ति के रूप में देखिए।

धन, साधन, तकनीक, समय, श्रम, शरीर, बुद्धि—ये सब अपने आप में न अच्छे हैं न बुरे। इनका मूल्य इस बात से तय होता है कि हम उनका उपयोग किस उद्देश्य के लिए करते हैं।

यदि धन केवल दिखावे में लगे, तो क्षणिक है।
यदि धन सेवा में लगे, तो पवित्र है।
यदि शक्ति केवल स्वार्थ में लगे, तो सीमित है।
यदि शक्ति राष्ट्रनिर्माण में लगे, तो अमर है।

इसी प्रकार यदि आप अपने संसाधनों का उपयोग इन बारह कार्यों में योगदान देने के लिए करेंगे, यदि आप अपनी शारीरिक क्षमता, समय, परिश्रम और बुद्धि से समाज की सेवा करेंगे, तो एक न एक दिन यह लक्ष्य अवश्य पूर्ण होगा।

राष्ट्र निर्माण केवल भाषणों से नहीं होता।
राष्ट्र निर्माण ईंट-ईंट जोड़ने से होता है।
व्यक्ति-व्यक्ति जगाने से होता है।
पीढ़ी-पीढ़ी तैयार करने से होता है।

और यह भी सत्य है कि किसी पुस्तक से परिवर्तन का समय निर्धारित नहीं होता। न एक वर्ष तय करता है, न सौ वर्ष। परिवर्तन का समय तय करती है—जागृत युवा शक्ति और सचेत समाज।

जो समाज अभी सुप्त है, जब वह जागेगा—
जो युवा अभी बिखरे हैं, जब वे जुड़ेंगे—
जो लोग अभी मौन हैं, जब वे खड़े होंगे—

तब यह स्वप्न अवश्य पूर्ण होगा।

और जिस दिन यह स्वप्न पूर्ण होगा, उस दिन आने वाली पीढ़ियाँ उन लोगों को याद रखेंगी जिन्होंने कठिन समय में हार नहीं मानी, जिन्होंने सुविधा नहीं, संघर्ष चुना; जिन्होंने केवल अपने लिए नहीं, समाज के लिए जिया।

वे ही सच्चे क्रांतिकारी कहलाएँगे।
वे ही स्मरण किए जाएँगे।
वे ही पूजे जाएँगे—उनके पद से नहीं, उनके योगदान से।

अंतिम संदेश

खाली जेब से महान विचार जन्म ले सकते हैं।
पर बड़े कार्यों को संसाधन चाहिए।

इसलिए कमाओ।
ईमानदारी से कमाओ।
बुद्धि से कमाओ।
सम्मान से कमाओ।

और फिर उस धन को केवल अपने घर की दीवारों में मत बंद करो।
उसे समाज की धड़कन बनाओ।

क्योंकि धन जब सेवा से जुड़ता है, तभी राष्ट्र निर्माण शुरू होता है।

20

राज बगला सेवक के 25 दिव्य गुण

राज बगला सेवक केवल किसी नाम, विचार या संगठन से जुड़ा हुआ व्यक्ति नहीं होता। वह एक चलता-फिरता आदर्श होता है। उसका जीवन केवल अपने सुख, लाभ और सुविधा तक सीमित नहीं रहता, बल्कि समाज, राष्ट्र और धर्म के उत्थान के लिए समर्पित होता है। वह जहाँ जाता है, वहाँ प्रेरणा छोड़ता है। वह जिस कार्य को हाथ में लेता है, उसमें ऊर्जा, व्यवस्था और प्रकाश भर देता है।

इसलिए राज बगला सेवक बनने का अर्थ केवल नारा लगाना नहीं, बल्कि अपने भीतर ऐसे गुणों को जागृत करना है जो मनुष्य को सामान्य भीड़ से उठाकर विशिष्ट बना दें।

1. ईश्वर में श्रद्धा और चिंता का त्याग

राज बगला सेवक जानता है कि जो व्यक्ति हर समय चिंता में डूबा रहता है, वह शक्ति खो देता है। इसलिए वह सभी देवी-देवताओं के प्रति श्रद्धा रखता है और व्यर्थ चिंता छोड़कर कर्म करता है। विश्वास उसे स्थिर बनाता है।

2. क्रोध पर विजय

क्रोध बुद्धि को नष्ट करता है, संबंध तोड़ता है और निर्णय बिगाड़ता है। सेवक क्रोध का दास नहीं, स्वामी बनता है। वह कठिन परिस्थिति में भी संयम रखता है।

3. वचन का पक्का होना

जिस मनुष्य की वाणी पर भरोसा किया जा सके, वही सम्मान पाता है। राज बगला सेवक जो कहता है, उसे निभाता है। उसका शब्द ही उसकी पहचान होता है।

4. धन, मन, तन और ज्ञान समाज के लिए लगाना

सच्चा सेवक केवल अपने लिए नहीं जीता। वह अपने संसाधन, समय, शक्ति और बुद्धि से दूसरों का उत्थान करता है। गिरों को उठाना, दुखियों को सहारा देना और समाज को पोषण देना ही उसका धर्म है।

5. श्रेष्ठ संगति और मजबूत नेटवर्क

जैसी संगति, वैसा जीवन। इसलिए सेवक सज्जनों, विद्वानों, कर्मयोगियों और सकारात्मक लोगों के साथ समय बिताता है। वह ऐसा नेटवर्क बनाता है जो राष्ट्र निर्माण में काम आए।

6. अहिंसा

उसके मन, वचन और कर्म में अनावश्यक हिंसा नहीं होती। वह कठोर हो सकता है, पर क्रूर नहीं।

7. तप

आराम छोड़कर अनुशासन में जीना, कठिनाई सहकर लक्ष्य की ओर बढ़ना—यही तप है। तपस्वी सेवक ही महान कार्य कर सकता है।

8. सत्य

सत्य उसका कवच है। झूठ से तात्कालिक लाभ मिल सकता है, पर स्थायी सम्मान नहीं।

9. मौन

जो हर समय बोलता है, वह कम सुनता है। सेवक मौन की शक्ति जानता है। मौन से विचार स्पष्ट होते हैं और बुद्धि तेज होती है।

10. ध्यान

ध्यान से मन स्थिर होता है, चित्त शुद्ध होता है और निर्णय क्षमता बढ़ती है। सेवक प्रतिदिन कुछ समय अपने भीतर उतरता है।

11. हँसमुख स्वभाव

सेवक का चेहरा कठोर नहीं, प्रसन्न होता है। मुस्कान भी सेवा है। उसका उत्साह दूसरों को भी ऊर्जा देता है।

12. नाम स्मरण

सोते-जागते भगवती का नाम, मन में ईश्वर का स्मरण—यही उसकी आंतरिक शक्ति है। नाम जप उसे संसार के मोह से बचाता है।

13. सबमें देवी का वास देखना

सेवक हर प्राणी में दिव्यता देखता है। इसलिए वह सहायता करता है, अपमान नहीं। सेवा करता है, तिरस्कार नहीं।

14. धन्यवाद भाव

जो मिला है, उसके लिए कृतज्ञता। सेवक हर दिन भगवती को धन्यवाद देता है। कृतज्ञ मन में कृपा टिकती है।

15. देवी चिंतन

वह बार-बार शक्ति, करुणा, धैर्य और विजय के भावों का चिंतन करता है। जैसा चिंतन, वैसा चरित्र।

16. आत्मनिर्भरता

सेवक भीख नहीं माँगता, बहाने नहीं बनाता। वह अपने पैरों पर खड़ा होता है और दूसरों को भी खड़ा करता है।

17. उत्साह

थका हुआ मनुष्य दूसरों को प्रेरित नहीं कर सकता। सेवक के भीतर ज्वाला होती है। वह निराशा नहीं फैलाता, आशा जगाता है।

18. बड़ी सोच

छोटे लोग छोटी सोचते हैं। सेवक गाँव से राष्ट्र तक, वर्तमान से भविष्य तक सोचता है।

19. एक समय में एक कार्य

बिखरा हुआ मन कुछ नहीं कर पाता। सेवक एकाग्रता से एक कार्य पूरा करता है।

20. ईर्ष्या का त्याग

दूसरों की उन्नति देखकर जलना कमजोरी है। सेवक प्रेरणा लेता है, ईर्ष्या नहीं करता।

21. स्वार्थी न बनना

केवल अपना लाभ देखने वाला कभी महान नहीं बनता। सेवक "मैं" से ऊपर उठकर "हम" में जीता है।

22. पाप का धन न कमाना

अनैतिक धन बाहर से चमकता है, भीतर से जलाता है। सेवक ईमानदार कमाई को ही स्वीकार करता है।

23. ब्रह्मचर्य और संयम

संयम से ऊर्जा बचती है, बुद्धि तेज होती है और व्यक्तित्व में तेज आता है। ब्रह्मचर्य केवल दमन नहीं, शक्ति संरक्षण है।

24. प्रभावी और लोकप्रिय व्यक्तित्व

सेवक ऐसा बनता है कि लोग उसे सुनें, मानें और उसके साथ जुड़ना चाहें। पर वह लोकप्रियता के नशे में नहीं डूबता।

25. विचारशील, कर्मशील और दूरदर्शी

वह आसपास को ध्यान से देखता है, समस्याओं का समाधान सोचता है, अवसर पहचानता है, समय का मूल्य जानता है और तुरंत कर्म करता है। वह प्रतीक्षा में जीवन नष्ट नहीं करता।

अंतिम संदेश

जब ये 25 गुण किसी मनुष्य के जीवन में उतरते हैं, तब वह केवल व्यक्ति नहीं रहता—वह शक्ति बन जाता है।

ऐसा सेवक जहाँ जाता है, वहाँ व्यवस्था आती है।
जहाँ बोलता है, वहाँ प्रेरणा जगती है।
जहाँ खड़ा होता है, वहाँ लोग जुड़ते हैं।
जहाँ काम करता है, वहाँ परिवर्तन होता है।

राज बगला सेवक का लक्ष्य केवल सफल होना नहीं, बल्कि उपयोगी होना है।

जो स्वयं को साध लेता है, वही समाज को उठा सकता है।

21

अंतिम आह्वान : उठो, जागो, बदलो

तुम इस पुस्तक के अंतिम अध्याय तक पहुँच चुके हो।
पर यह अंत नहीं है।
यह आरंभ है।

पुस्तकें तब तक अधूरी रहती हैं,
जब तक वे पाठक के जीवन में कर्म बनकर न उतरें।

यदि इन पन्नों को पढ़कर तुमने केवल सहमति में सिर हिलाया,
तो यह पुस्तक शब्दों का संग्रह भर रह जाएगी।

यदि इन्हें पढ़कर तुम्हारे भीतर आग जली,
तो यही पन्ने आंदोलन बन सकते हैं।

अब प्रश्न तुम्हारे सामने है

तुम कौन बनोगे?

क्या तुम उन लोगों में रहोगे जो हर समस्या पर चर्चा करते हैं,
पर कुछ करते नहीं?

या उन लोगों में जो चुपचाप काम करते हैं,
और दुनिया बदल देते हैं?

क्या तुम शिकायत बनोगे?
या समाधान?

क्या तुम भीड़ बनोगे?
या दिशा?

क्या तुम दर्शक बनोगे?
या निर्माता?
याद रखो
समय तटस्थ है।
वह किसी के लिए रुकता नहीं।
जो आज उठता है,
वही कल आगे दिखता है।
जो आज बहाने बनाता है,
वह कल दूसरों की सफलता देखता रह जाता है।
जो आज अनुशासन चुनता है,
वह कल स्वतंत्रता पाता है।
जो आज आलस्य चुनता है,
वह कल पछतावा पाता है।
तुम्हारे भीतर क्या है?
तुम सोच सकते हो कि तुम सामान्य हो।
तुम छोटे शहर से हो।
तुम्हारे पास resources कम हैं।
तुम्हें कोई नहीं जानता।
पर इतिहास ऐसे ही लोगों ने बदला है।
बहुत से महान लोग शुरुआत में अज्ञात थे।
बहुतों के पास धन नहीं था।
बहुतों के पास support नहीं था।
बहुतों के पास केवल एक चीज़ थी—संकल्प।
और वही पर्याप्त निकला।
आज से नया जीवन कैसे शुरू हो?
पहला कदम : स्वयं पर विजय
सुबह समय पर उठो
शरीर को मजबूत करो
मन को स्थिर करो
समय बचाओ
distraction घटाओ
दूसरा कदम : ज्ञान लो

रोज़ पढ़ो
skill सीखो
समझदार लोगों से जुड़ो
तीसरा कदम : कमाओ
ईमानदारी से value create करो
self-reliant बनो
चौथा कदम : सेवा जोड़ो
एक बच्चा पढ़ाओ
एक भूखे को खिलाओ
एक पेड़ लगाओ
एक महिला की मदद करो
एक परिवार उठाओ
पाँचवाँ कदम : टीम बनाओ
अकेले शुरू करो।

फिर लोगों को जोड़ो।

राज बगला के 12 काम अब तुम्हारे हैं

अब यह पुस्तक केवल लेखक की नहीं रही।

अब यह हर उस व्यक्ति की है जो उठना चाहता है।

यदि तुमने—
पेड़ बचाया
जल बचाया
भूख मिटाई
शिक्षा दी
स्वच्छता बढ़ाई
जीवों पर दया की
स्त्री सम्मान बढ़ाया
समाज जोड़ा
शक्ति जगाई
तो तुम इस मिशन का हिस्सा हो।
डर क्यों लगता है?
क्योंकि बड़ा काम हमेशा डराता है।

नया रास्ता डराता है।
लोगों की हँसी डराती है।
असफलता का विचार डराता है।

पर याद रखो—

डर कई बार द्वार होता है।
जिसके पार तुम्हारी अगली अवस्था खड़ी होती है।

यदि अकेले हो तो?

तो बहुत अच्छा।

क्योंकि हर महान यात्रा पहले अकेले शुरू होती है।
भीड़ बाद में जुड़ती है।

पहले उपहास आता है।
फिर विरोध आता है।
फिर सम्मान आता है।

स्थिर रहो।

अपने जीवन को सामान्य मत बेचो

केवल खाना, कमाना, खर्च करना, और एक दिन चले जाना—
यह जीवन का पूरा उपयोग नहीं है।

तुम्हारे भीतर प्रभाव है।
तुम्हारे भीतर निर्माण है।
तुम्हारे भीतर नेतृत्व है।
तुम्हारे भीतर करुणा है।
तुम्हारे भीतर अग्नि है।

उसे जगाओ।

मेरी तुम्हें अंतिम बात

कभी यह मत कहना—मेरे बस का नहीं।
कभी यह मत कहना—मैं अकेला क्या करूँगा।
कभी यह मत कहना—समय खराब है।

कहो—

मैं शुरू करूँगा।
मैं सीखूँगा।
मैं गिरूँगा तो उठूँगा।
मैं बदलूँगा और बदलूँगा भी।

अंतिम संकल्प

आज से—

मैं समय व्यर्थ नहीं करूँगा।

मैं अपने शरीर और मन को मजबूत बनाऊँगा।

मैं कम से कम एक समस्या पर काम करूँगा।

मैं अपने परिवार को ऊपर उठाऊँगा।

मैं समाज के लिए उपयोगी बनूँगा।

मैं भय में नहीं, उद्देश्य में जीऊँगा।

पुस्तक के अंत के साथ आपका सीखने का सफर समाप्त नहीं हुआ है। यहाँ आकर वह केवल थोड़ी देर ठहरा है—ताकि एक नया सफर प्रारम्भ हो सके।

अब तक आपने शब्दों से सीखा।

अब आगे आपको जीवन से सीखना है।

अब तक आपने विचार पढ़े।

अब आगे आपको विचारों को कर्म में बदलना है।

अब समय है—

खुद से सीखने का,

इन कार्यों को अपने समाज में उतारने का,

बदलाव लाने का,

सोई हुई चेतना को जगाने का,

और उस आदर्श व्यवस्था को स्थापित करने का जिसे आप भगवती राज कहते हैं—अर्थात न्याय, सेवा, शक्ति, संस्कृति और करुणा से युक्त समाज।

इस पुस्तक के समाप्त होते-होते दायित्व लेखक से पाठक तक आ चुका है। अब यह उत्तरदायित्व आपके हाथों में है।

ज्ञान केवल पढ़ लेने से पूर्ण नहीं होता।

ज्ञान तब पूर्ण होता है जब वह किसी और के जीवन में प्रकाश बनकर पहुँचे।

यदि आपने इस पुस्तक से कुछ पाया है, तो वह आपके ऊपर एक ऋण के समान है—कर्तव्य का ऋण।

जब तक आप लोगों के जीवन में सकारात्मक परिवर्तन नहीं लाते,

जब तक आप किसी को प्रेरित नहीं करते,

जब तक आप समाज निर्माण में योगदान नहीं देते,

तब तक यह ज्ञान आधा ही है।

हर पुस्तक किसी न किसी मूल्य पर मिलती है—धन से, समय से, ध्यान से, या श्रम से। पर उसका वास्तविक मूल्य तभी चुकता होता है जब वह जीवन बदल दे।

इसलिए यदि आपने इसके लिए धन दिया है, समय दिया है, मन दिया है—तो अब उसका श्रेष्ठ प्रतिफल समाज को दीजिए।

किसी को शिक्षित कीजिए

किसी की सहायता कीजिए

स्वच्छता बढ़ाइए

वृक्ष लगाइए

युवाओं को जोड़िए

अच्छे विचार फैलाइए

अपने क्षेत्र में सेवा कीजिए

यही उस मूल्य को सार्थक करेगा।

अब आपको आगे रहना है।
अब आपको उदाहरण बनना है।
अब आपको उद्देश्य लेकर चलना है।

इसी राजबगला के उद्देश्य से—
एक जागृत, समर्थ, संगठित और उज्ज्वल समाज के निर्माण हेतु।

अंतिम संदेश

जब आने वाली पीढ़ियाँ पीछे मुड़कर देखें,
तो वे यह कहें—

एक समय था जब बहुत समस्याएँ थीं।
फिर कुछ लोग उठे।
उन्होंने शिकायत नहीं की।
उन्होंने काम किया।
और युग बदल गया।

तुम उन्हीं लोगों में हो सकते हो।

इसलिए उठो।
जागो।
चलो।
बनाओ।
बदल दो।

क्योंकि भविष्य लिखा नहीं मिलता—उसे बनाया जाता है।

राज बगला क्यों

राजबगला नाम केवल एक शीर्षक नहीं है, यह एक विचार है, एक संकल्प है, एक दिशा है। और अब तक आते-आते आप समझ ही गए होंगे कि जब कहा गया—"हम भगवती राज लाएँगे", तो उसका अर्थ किसी व्यक्ति का राज नहीं, बल्कि ऐसे समाज की स्थापना है जहाँ शक्ति, न्याय, सेवा, अनुशासन, संस्कृति और करुणा साथ-साथ हों।

मैं चाहता हूँ कि यह बात बिल्कुल स्पष्ट रहे, ताकि किसी प्रकार का भ्रम न रहे। इसलिए एक बार फिर इसके मुख्य उद्‌देश्य पर सरलता से चर्चा करता हूँ।

भगवती राज का अर्थ क्या है?

भगवती राज का अर्थ है—

समाज का कल्याण

सनातन ज्ञान और परंपरा की रक्षा

प्रकृति और जीवन का संरक्षण

युवाओं का जागरण

स्त्री शक्ति का सम्मान

भूख, गरीबी, गंदगी और अज्ञान से मुक्ति

धर्म आधारित न्यायपूर्ण व्यवस्था

आत्मनिर्भर और जागृत राष्ट्र

यह किसी संकीर्ण सत्ता का विचार नहीं, बल्कि संतुलित सभ्यता का विचार है।

"राजबगला" नाम क्यों?

इस नाम का एक आध्यात्मिक और प्रतीकात्मक अर्थ है।

बगलामुखी शक्ति परंपरा में वह स्वरूप मानी जाती हैं जो अधर्म, अन्याय, भ्रम और विनाशकारी शक्तियों को स्तंभित करती हैं—अर्थात रोक देती हैं।

आज समाज में अनेक समस्याएँ हैं—

प्रदूषण, भूख, बेरोज़गारी, कचरा, विभाजन, अज्ञान, स्वास्थ्य संकट, संसाधनों का नाश, सांस्कृतिक क्षय।

तो आवश्यकता किसकी है?

ऐसी शक्ति की जो विनाश को रोके, भ्रम को रोके, पतन को रोके।

इसी भाव से "बगला" एक प्रतीक है।

और "राज" का अर्थ यहाँ शासन से अधिक व्यवस्था है—ऐसी व्यवस्था जिसमें समाज उठे।

ये विचार क्यों आया?

जब कोई संवेदनशील व्यक्ति बैठकर दुनिया को देखता है, तो प्रश्न उठते हैं—

ऑक्सीजन कम हो रही है

जल संकट बढ़ रहा है

लोग भूखे हैं

युवा दिशाहीन हैं

शिक्षित होकर भी सक्षम नहीं

प्लास्टिक का पहाड़ बन रहा है

राजनीति समस्या पर चल रही है, समाधान पर नहीं

धर्म के ग्रंथ लोग भूलते जा रहे हैं

समाज आपस में टूट रहा है

प्राकृतिक संसाधन समाप्त हो रहे हैं

तब मन पूछता है—क्या किया जाए?

इसी "क्या किया जाए?" से बड़े विचार जन्म लेते हैं।

बारह कार्य क्यों?

क्योंकि समस्याएँ अनेक हैं, पर मूल जड़ें कुछ ही हैं। यदि मुख्य क्षेत्रों पर काम हो—

जल

वृक्ष

स्वच्छता

भूख

शिक्षा

कौशल

स्वास्थ्य

सामाजिक एकता

धर्म ज्ञान

स्त्री सम्मान

जीव सेवा

आध्यात्मिक जागरण

तो बहुत सी दूसरी समस्याएँ स्वतः घटने लगेंगी।

सरकार की भूमिका?

यदि समाज जागता है, तो सरकार भी चलती है।
जब जनता आवाज़ उठाती है, तो नीति बनती है।
जब लोग संगठित होते हैं, तो बदलाव आता है।

इसलिए केवल शिकायत नहीं—जागरूकता + संगठन + समाधान चाहिए।

अंतिम बात

राजबगला किसी एक व्यक्ति का विचार नहीं रहना चाहिए।
यह हर उस व्यक्ति का विचार बने जो चाहता है—

भारत फिर महान बने

समाज स्वस्थ बने

धर्म जीवित रहे

प्रकृति बचे

युवा जागें

आने वाली पीढ़ियाँ सुरक्षित रहें

तब “हम भगवती राज लाएँगे” का अर्थ होगा—

हम सब मिलकर ऐसा भारत बनाएँगे जहाँ जीवन श्रेष्ठ हो।

सरकार का कार्य

सरकार का कार्य मुख्यतः जनता की इच्छा और मांग से प्रभावित होता है। लोकतंत्र में सरकार वोट से बनती है, और वोट जनता देती है। इसलिए एक मूल सत्य समझना चाहिए—जैसी जनता की प्राथमिकताएँ होंगी, वैसी ही राजनीति बनेगी।

यदि लोग जागरूक नहीं हैं, यदि वे प्रश्न नहीं पूछते, यदि वे काम नहीं देखते, तो उनकी स्पष्ट मांग भी नहीं बनती। तब सरकार वही करेगी जहाँ उसे राजनीतिक लाभ दिखे।

यह कहना सरल है कि "सरकार दोषी है", पर पूरी तस्वीर उससे बड़ी है। यदि जनता काम न देखे, नीति न समझे, शिक्षा न माँगे, स्वास्थ्य न माँगे, स्वच्छता न माँगे, रोजगार न माँगे—तो व्यवस्था किस दिशा में जाएगी?

जहाँ वोट का केंद्र विकास नहीं, भावनाएँ, तात्कालिक लाभ, जाति, समूह या अल्पकालिक आकर्षण बन जाएँ, वहाँ नीति भी उसी दिशा में मुड़ जाती है।

सरकारें चुनाव लड़ती हैं। चुनाव में भारी संसाधन खर्च होते हैं। फिर वे उसी जगह ध्यान देती हैं जहाँ उन्हें अगला चुनाव जीतने की संभावना अधिक दिखे। यह आदर्श नहीं है, पर व्यवहारिक राजनीति का एक कठोर सत्य है।

इसलिए प्रश्न यह नहीं कि सरकार क्या कर रही है।
प्रश्न यह भी है कि जनता क्या मांग रही है।

यदि जनता कहे—
हर बच्चा शिक्षित हो
कोई भूखा न सोए
अस्पताल अच्छे हों
भ्रष्टाचार कम हो
रोजगार बढ़े
जल, जंगल, जमीन बचे

और यह मांग संगठित, निरंतर और वोट से जुड़ी हो—तो राजनीति बदलती है।

लेकिन यदि जनता बिना काम देखे वोट दे दे, केवल पहचान के आधार पर बँट जाए, समाज को टुकड़ों में बाँट दे, तो सरकार पर दबाव कम हो जाता है।

लोकतंत्र में अक्सर अंतर बहुत छोटा होता है। कई बार चुनाव कुछ प्रतिशत, कभी कुछ हजार वोट, कभी एक सीट, कभी एक वोट जैसी स्थिति से तय हो जाते

हैं। इसलिए हर वोट मूल्यवान है।

जो जीतता है, वह पाँच वर्ष दिशा तय करता है।

इसलिए यदि कुछ अच्छा करना है, तो पहला कदम है—जागरूक नागरिक बनना।

जागरूक नागरिक:

काम पूछता है

डेटा देखता है

सवाल करता है

वादे याद रखता है

समाज को तोड़ने वालों से सावधान रहता है

वोट को जिम्मेदारी मानता है

सरकार वही मजबूत बनती है जो जागरूक जनता बनाती है।

इसलिए अंतिम बात सरल है:

जागो, समझो, मांगो, फिर वोट दो।

तभी व्यवस्था बदलेगी।

आपने जो बात रखी है, उसका मूल सार यह है: सरकार तभी काम तेज़ी से करती है जब जनता संगठित, जागरूक और स्पष्ट मांग रखती है। यही किसी भी आदर्श व्यवस्था—जिसे आप "भगवती राज" कह रहे हैं—की व्यावहारिक शुरुआत हो सकती है।

मैं इसे साफ, व्यवस्थित और प्रभावी रूप में रखता हूँ ताकि यह उपयोगी बने।

भगवती राज कैसे आएगा?

1. भावनात्मक नारा नहीं, संगठित नागरिक मांग से

कोई भी सरकार हो—स्थानीय, राज्य, या केंद्र—उसे जनता की प्राथमिकताएँ समझनी पड़ती हैं।

अगर लोग सिर्फ चुनाव के समय जागते हैं, तो काम सीमित होता है।

अगर लोग हर महीने मुद्दों पर दबाव बनाते हैं, तो नीति बदलती है।

2. पेड़ और पर्यावरण

हर क्षेत्र में लोग पूछें:

हमारे शहर/गाँव को कितने पेड़ों की ज़रूरत है?

कौन सी सरकारी खाली ज़मीन उपलब्ध है?

हर वार्ड में कितने पौधे लग सकते हैं?

स्कूल, पंचायत, मंदिर, पार्क, सड़क किनारे कहाँ रोपण हो सकता है?

व्यावहारिक मॉडल:
हर पार्टी कार्यकर्ता 100 पौधे लगाए
हर स्कूल 500 पौधे लगाए
हर मोहल्ला 50 गमले लगाए
हर पंचायत वर्षा ऋतु अभियान चलाए
पेड़ लगाना फोटो नहीं, जीवित रखना लक्ष्य हो।
3. नदी और कचरा
जनता प्रतिनिधियों से कहे:
नाले बंद करो
नदी से कचरा हटाओ
JCB/मशीन लगाओ
प्लास्टिक फेंकने पर जुर्माना लगाओ
कूड़ा संग्रहण नियमित करो
घर-घर नियम:
गीला कचरा अलग
सूखा कचरा अलग
प्लास्टिक कम
4. भूख समाप्ति
लक्ष्य: क्षेत्र में कोई भूखा न सोए
मांग करें:
सामुदायिक भोजन केंद्र
रोज़ 200/500 लोगों का भोजन
बचा हुआ होटल भोजन सुरक्षित वितरण
मंदिर/गुरुद्वारा/संस्था साझेदारी
और व्यक्ति स्तर पर:
हफ्ते में एक बार भोजन सेवा
राशन सहायता
5. रोजगार और कौशल
सरकार और समाज से मांग:
इलेक्ट्रिशियन प्रशिक्षण
प्लंबिंग प्रशिक्षण
मोबाइल रिपेयर

सिलाई
कंप्यूटर
AI tools training
ड्राइविंग / मशीन संचालन
10 लोग सीखेंगे = 10 परिवार बदलेंगे।
6. स्वास्थ्य
मुफ्त स्वास्थ्य शिविर
सस्ती दवा केंद्र
पोषण अभियान
महिला स्वास्थ्य जागरूकता
योग/व्यायाम केंद्र
7. पशु और जीव सेवा
गौशाला सुधार
घायल पशु हेल्पलाइन
पक्षियों के लिए पानी
आवारा पशु भोजन/उपचार
8. महिला सुरक्षा
यह सबसे मूल सूचक है।
जब स्त्री घर से बाहर निकले और भय न हो—तब समाज सभ्य कहलाएगा।
मांग करें:
सड़क लाइट
CCTV
पुलिस प्रतिक्रिया
सुरक्षित सार्वजनिक परिवहन
शिकायत व्यवस्था
9. जाति तोड़ो, समाज जोड़ो
जो नेता समाज तोड़े—सावधान।
जो नेता कहे “जाति दिखाओ” — वह वोट चाहता है।
जो नेता कहे “काम दिखाओ” — वह समाज बना सकता है।
पहचान से ऊपर उठकर काम आधारित वोटिंग जरूरी है।
10. आध्यात्मिक अनुशासन
आपने सत्संग की बात की—यह महत्वपूर्ण है।

यदि व्यक्ति भीतर से लालची, हिंसक, आलसी, भ्रष्ट है तो बाहर व्यवस्था नहीं सुधरेगी।

इसलिए:

प्रतिदिन आत्मचिंतन

सत्य बोलना

सेवा

अनुशासन

व्यसन त्याग

वास्तविक निष्कर्ष

यदि लोग इस प्रकार काम करें:

10 साल में बड़ा बदलाव संभव

15 साल में पीढ़ी बदल सकती है

25 साल में राष्ट्र का चरित्र बदल सकता है

अगर लोग न करें—तो समय लंबा होगा।

सबसे सटीक पंक्ति

भगवती राज पहले सरकार में नहीं आता—पहले नागरिक के चरित्र में आता है।

जब जनता बदलेगी, तब शासन बदलेगा।

अगर आप चाहो तो मैं "राजबगला के 12 कार्यों को लोकतांत्रिक Action Plan" नाम से इसे पुस्तक-स्तर अध्याय में बदल सकता हूँ।

राज बगला सेवक का आचरण और व्यवहार

मैं आपके भाव को समझ रहा हूँ—आप एक ऐसी सांस्कृतिक पहचान, अनुशासन, प्रतीक और समुदाय भावना की बात कर रहे हैं जिसमें लोग एक बड़े उद्देश्य से जुड़ें। यह विचार कई आंदोलनों, आध्यात्मिक परंपराओं और सामाजिक संगठनों में देखा जाता है।

लेकिन इसे व्यावहारिक, सकारात्मक और समावेशी रूप देना ज़रूरी है। मैं इसे साफ़ रूप में प्रस्तुत करता हूँ।

भवतीराज / राजबगला का आंतरिक अर्थ

यदि कोई व्यक्ति खुद को बदल चुका है—

चरित्र सुधारा

सेवा शुरू की

समाज के लिए खड़ा हुआ

अनुशासन लाया

नारी सम्मान सीखा

प्रकृति रक्षा की

ज्ञान लिया

तो अगला चरण है सांस्कृतिक जीवनशैली।

इसका अर्थ सत्ता नहीं, संस्कार आधारित जीवन व्यवस्था है।

सम्बोधन का उद्देश्य क्या हो सकता है?

आपने जो विशेष अभिवादन शैली बताई, उसका मनोवैज्ञानिक अर्थ है:

सामने वाले में दिव्यता देखना

सम्मान से बोलना

कल्याण की कामना करना

लक्ष्य याद रखना

समुदाय भावना बनाना

यानी यदि लोग मिलें और एक-दूसरे को याद दिलाएँ कि हम सेवा, शक्ति और कल्याण के मार्ग पर हैं—तो यह उपयोगी हो सकता है।

इसे आधुनिक रूप कैसे दें?

आपके मूल भाव को सरल और सार्वभौमिक रूप में ऐसे रखा जा सकता है:

व्यक्ति 1: राजबगला नमस्तोभ्यम्
व्यक्ति 2: वरदे सिद्धिदायिनी।
नमस्ते कल्याणकारिणी।

इससे भाव रहेगा, कठोरता नहीं।

प्रतीक रंग क्यों?

आपने पीला और लाल कहा। इनके पारंपरिक अर्थ हैं:

पीला = ज्ञान, तेज, समृद्धि, आशा

लाल = शक्ति, साहस, ऊर्जा, संकल्प

यदि कोई व्यक्ति इन रंगों को सकारात्मक प्रतीक के रूप में अपनाए—यह आत्मविश्वास बढ़ा सकता है।

असली पहचान कपड़े नहीं, गुण होंगे

राजबगला से जुड़े व्यक्ति की पहचान यह हो:

झूठ न बोले

नशा न करे

स्त्री सम्मान करे

पेड़ लगाए

भूखे को भोजन दे

फिट रहे

अनुशासित रहे

पढ़े और सिखाए

समाज जोड़े

तब लोग पूछेंगे ये कौन लोग हैं?

आपका सबसे गहरा बिंदु

आप कह रहे हैं कि हर व्यक्ति में जगदंबा का अंश देखो। यह बहुत ऊँचा विचार है। इसका आधुनिक अर्थ:

हर स्त्री में सम्मान

हर जीव में करुणा

हर व्यक्ति में संभावनाएँ

हर समाज सदस्य में मूल्य

सावधानी

किसी भी विचारधारा को बाहरी प्रतीकों तक सीमित न करें।
वरना लोग कपड़े पहनेंगे, पर जीवन नहीं बदलेंगे।

अंतिम पंक्ति

राजबगला का असली वस्त्र पीला कपड़ा नहीं, उजला चरित्र है।
असली चिन्ह नारा नहीं, सेवा है।
असली शक्ति रूप नहीं, रूपांतरण है।

सम्बोधन के बाद क्या करना है? केवल शब्द बोलकर रुक जाना नहीं है—उसे दैनिक आचरण में उतारना है।

सबसे पहले अपने जीवन में देवी नाम स्मरण प्रारम्भ करो।
शुरुआत छोटी रखो, पर निरंतर रखो।

आज आठ बार लो।
फिर ग्यारह कर लो।
फिर इक्कीस।
फिर एक सौ आठ।
धीरे-धीरे बढ़ो।

पहले दिन सौ बार भी कर सकते हो, कोई रोक नहीं है। परंतु साधना का नियम है—अचानक नहीं, स्थिरता से बढ़ो।

जीवन भर में लाखों बार नाम लिया जा सकता है। संख्या केवल गणना नहीं है—वह निरंतरता का प्रतीक है।

इससे क्या होगा?

यदि तुम समाज के लिए कार्य कर रहे हो, सेवा कर रहे हो, लोगों का कल्याण कर रहे हो—तो वह भी पुण्य है। इतिहास ऐसे लोगों को याद रखता है।

परंतु जब सेवा के साथ नाम स्मरण जुड़ता है, तब भीतर का मन भी बदलने लगता है।

चित्त स्थिर होता है
भय कम होता है
आत्मविश्वास बढ़ता है
निर्णय स्पष्ट होते हैं
कर्म में निरंतरता आती है
मनुष्य भीतर से मजबूत होता है

जब व्यक्ति भीतर से मजबूत होता है, तब उसके कार्य भी सुधरने लगते हैं। लोग उसे देखकर कहते हैं—यह व्यक्ति शांत है, स्पष्ट है, कर्मशील है, इसके जीवन में कुछ विशेष अनुशासन है।

फिर लोग प्रेरित होते हैं।
जो तुम कर रहे हो, वे भी करना चाहते हैं।

यही असली प्रभाव है—शब्दों से नहीं, जीवन से प्रेरणा देना।

समय कितना लगता है?

आठ बार नाम लेने में कुछ सेकंड लगते हैं।
एक माला में कुछ मिनट लगते हैं।
अर्थात यह कोई असंभव कार्य नहीं है।

यदि कोई प्रतिदिन कुछ समय भी देता है, तो वह जीवनभर में बड़ा आंतरिक परिवर्तन देख सकता है।

लोग घंटों व्यर्थ चिंता, मोबाइल, भ्रम और तनाव में देते हैं। यदि थोड़ा समय स्मरण, ध्यान, जप, सेवा और अनुशासन में लगे—तो जीवन का स्वरूप बदल सकता है।

सबसे बड़ा भाव क्या है?

अपने भीतर यह भाव जगाना है:

मैं अकेला नहीं हूँ

मैं दिव्य शक्ति के संरक्षण में हूँ

मैं अच्छे कार्य के मार्ग पर हूँ

मुझे भय नहीं, कर्तव्य करना है

मैं सेवा के लिए जन्मा हूँ

जब यह भाव जागता है, तब मनुष्य का डर घटता है और शक्ति बढ़ती है।

अंतिम बात

यदि तुम्हारे भीतर यह स्थिर हो जाए कि—

वही शक्ति सबमें है, वही आधार है, और मैं उसी के कार्य में लगा हूँ

तो जीवन हल्का हो जाता है।
कर्म गहरा हो जाता है।
भय कम हो जाता है।
और व्यक्तित्व तेजस्वी हो जाता है।

राज बगला सेवक का उच्च आचरण और व्यवहार

तुम्हारा मूल स्वभाव कल्याणशील होना चाहिए।
अर्थात केवल अपना नहीं, सबका हित सोचना।

तुम्हारे भीतर यह भाव स्थिर हो:

वसुधैव कुटुम्बकम् — यह संपूर्ण पृथ्वी ही परिवार है।

यही राज बगला सेवक की पहली पहचान है।

१. आचरण कैसा हो?

तुम योजनाबद्ध जीवन जीने वाले हो।
बिना दिशा नहीं, उद्देश्य से चलते हो।

समय का सम्मान करते हो
कार्य योजना बनाते हो
कमाकर समाज में लगाना जानते हो
झुककर लोगों को उठाते हो
दूसरों को आगे बढ़ाते हो
निरंतर भगवती स्मरण में रहते हो
हर व्यक्ति में दिव्यता देखने का प्रयास करते हो
यही तुम्हारा आचरण है।

२. सत्यवादी क्यों?

झूठ अधिकतर भय से बोला जाता है।

काम बिगड़ जाएगा
लोग नाराज़ होंगे
लाभ छूट जाएगा
छवि खराब होगी

पर जिसे भीतर भरोसा है, वह झूठ क्यों बोलेगा?

जिसे लगता है कि मैं धर्ममार्ग पर हूँ, मैं परिश्रम करूँगा, सत्य से जीऊँगा — उसका भय कम होता जाता है।

इसलिए तुम सत्यप्रिय रहोगे।

३. घृणा नहीं, बंधुत्व

तुम किसी से घृणा नहीं करोगे।
सबको सम्मान दोगे।
मतभेद हो सकते हैं, द्वेष नहीं।

तुम समाज को जोड़ोगे, तोड़ोगे नहीं।

४. नारे नहीं, काम

तुम केवल बोलने वाले नहीं।
तुम कार्य करने वाले हो।

सफाई करनी है तो खुद शुरू करो
भूखे को खिलाना है तो पहल करो

पेड़ लगाना है तो लगाओ
पढ़ाना है तो पढ़ाओ
तुम्हारी भाषा कर्म है।

५. क्रोध में निर्णय नहीं

तुम्हारा मन शांत रहेगा।
क्रोध आए तो रुको।
निर्णय स्पष्ट बुद्धि से लो।

जो स्वयं पर शासन नहीं कर सकता, वह किसी स्थिति को नहीं संभाल सकता।

६. चरित्र ही वस्त्र

तुम्हारा असली वस्त्र कपड़ा नहीं—चरित्र है।

कपड़े बदलते हैं।
शरीर भी बदलता है।
पर चरित्र की सुगंध टिकती है।

७. व्यवहार कैसा हो?

तुम विनम्र रहोगे।
जैसे फलदार वृक्ष झुकता है, वैसे ही गुणवान व्यक्ति झुकता है।
किसी की बात ध्यान से सुनोगे
बिना कारण डाँटोगे नहीं
प्रेम से उत्तर दोगे
सुधारना होगा तो सम्मान से करोगे
लोगों को अच्छा जीवन जीने की प्रेरणा दोगे
यही तुम्हारा व्यवहार होगा।

८. प्रभाव कैसा होगा?

जब व्यक्ति शांत, सत्यप्रिय, सेवाभावी, निर्भय और विनम्र होता है—तो उसके चेहरे पर तेज आता है।

लोग महसूस करते हैं:
“इस व्यक्ति में कुछ अलग है।”

यह अलगपन दिखावे से नहीं, भीतर की साधना से आता है।

९. आनंदमय जीवन

तुम्हें पता होगा:
मैं अकेला नहीं

जीवन उद्देश्यपूर्ण है
मैं सेवा के मार्ग पर हूँ
भीतर शक्ति है
तब व्यक्ति स्थिर और आनंदित रहता है।

१०. अंतिम रहस्य

समस्त प्राणियों में भगवती को देखना — इसका अर्थ है:
सबका सम्मान
सबके प्रति करुणा
सबके हित का भाव
किसी को तुच्छ न समझना

११. यथार्थ बात

यह सब एक दिन में नहीं होगा।
समय लगेगा।
अभ्यास लगेगा।
गिरोगे, फिर उठोगे।

पर यही विकास है।

अंतिम वाक्य

राज बगला सेवक शक्ति से नहीं डराता, चरित्र से प्रेरित करता है। उसका तेज पूजा से नहीं, व्यवहार से प्रकट होता है।

मनुष्य अकेले जन्म ले सकता है, अकेले सोच सकता है, पर अकेले महान समाज नहीं बना सकता। इतिहास गवाह है कि जब-जब लोग बिखरे, तब-तब उनकी शक्ति कम हुई; और जब-जब लोग संगठित हुए, तब-तब उन्होंने असंभव कार्य भी कर दिखाए। इसलिए यदि किसी समाज, राष्ट्र या परिवार को आगे बढ़ना है, तो उसे एक समूह बनकर रहना सीखना होगा।

समूह का अर्थ केवल साथ खड़े होना नहीं है। समूह का अर्थ है—एक-दूसरे का सम्मान करना, कठिन समय में साथ देना, सुख-दुःख बाँटना, और समान लक्ष्य के लिए मिलकर काम करना। जब लोग केवल अपने स्वार्थ में जीते हैं, तब टूटन पैदा होती है। पर जब लोग "मैं" से ऊपर उठकर "हम" सोचते हैं, तब निर्माण प्रारंभ होता है।

एक परिवार तभी मजबूत होता है जब उसके सदस्य एक-दूसरे के लिए खड़े रहें। एक गाँव तभी समृद्ध होता है जब लोग मिलकर सफाई, शिक्षा, जल संरक्षण और शांति बनाए रखें। एक राष्ट्र तभी महान बनता है जब उसकी जनता जाति,

भाषा, क्षेत्र और छोटे विवादों से ऊपर उठकर एकता को अपनाती है।

यदि समाज के लोग एक समूह बनकर रहें, तो कई समस्याएँ अपने आप कम हो सकती हैं। बेरोज़गार को काम मिल सकता है, गरीब को सहारा मिल सकता है, बच्चों को शिक्षा मिल सकती है, और बुज़ुर्गों को सम्मान मिल सकता है। मिल-जुलकर रहने वाले समाज में अपराध भी कम होते हैं और विश्वास भी बढ़ता है।

आज आवश्यकता इस बात की है कि हम विभाजन नहीं, संगठन चुनें। ईर्ष्या नहीं, सहयोग चुनें। कलह नहीं, संवाद चुनें। यदि हम सब एक समूह बनकर रहना सीख जाएँ, तो कोई भी शक्ति हमें आगे बढ़ने से नहीं रोक सकती।

अंततः याद रखना चाहिए—एक लकड़ी आसानी से टूट जाती है, पर लकड़ियों का गट्ठर नहीं टूटता। उसी प्रकार, एक व्यक्ति कमजोर हो सकता है, पर संगठित समाज अजेय होता है।

स्त्री को बुरी नज़र से नहीं देखेंगे और ब्रह्मचर्य का महत्व

किसी भी सभ्य समाज की पहचान इस बात से होती है कि वहाँ स्त्रियों को कितना सम्मान दिया जाता है। जहाँ स्त्री सुरक्षित, सम्मानित और निर्भय रहती है, वहाँ संस्कृति जीवित रहती है और समाज उन्नति करता है। इसलिए प्रत्येक मनुष्य का कर्तव्य है कि वह स्त्री को कभी बुरी दृष्टि से न देखे, बल्कि उसे सम्मान, गरिमा और आदर के साथ देखे।

स्त्री केवल एक व्यक्ति नहीं, बल्कि माँ, बहन, बेटी, पत्नी और समाज की आधारशिला है। जिस समाज में स्त्रियों को वस्तु की तरह देखा जाता है, वहाँ नैतिक पतन आरम्भ हो जाता है। बुरी दृष्टि केवल आँखों की गलती नहीं, बल्कि विचारों की कमजोरी है। शुद्ध दृष्टि का अर्थ है कि हम हर स्त्री में सम्मानित व्यक्तित्व देखें, न कि स्वार्थ या वासना का विषय।

इसी प्रकार ब्रह्मचर्य का भी बहुत महत्व है। ब्रह्मचर्य का अर्थ केवल इंद्रिय संयम नहीं, बल्कि विचार, व्यवहार और ऊर्जा का संरक्षण है। जब मनुष्य अपनी इच्छाओं पर नियंत्रण सीखता है, तब उसका मन स्थिर होता है, बुद्धि तेज होती है और आत्मबल बढ़ता है। जो व्यक्ति अपने मन को जीत लेता है, वही जीवन के बड़े कार्य कर सकता है।

युवावस्था में ब्रह्मचर्य विशेष रूप से आवश्यक माना गया है, क्योंकि यही समय अध्ययन, चरित्र निर्माण और लक्ष्य साधना का होता है। यदि युवा अपनी शक्ति को व्यर्थ विषयों में नष्ट न करके ज्ञान, परिश्रम और आत्मविकास में लगाए, तो वह महान सफलता प्राप्त कर सकता है।

स्त्री सम्मान और ब्रह्मचर्य—ये दोनों मिलकर समाज को शुद्ध, सुरक्षित और शक्तिशाली बनाते हैं। एक शुद्ध दृष्टि समाज में सम्मान लाती है, और एक संयमित जीवन व्यक्ति को ऊँचाइयों तक ले जाता है।

अतः हमें संकल्प लेना चाहिए कि हम स्त्रियों को सदैव आदर की दृष्टि से देखेंगे, अपने मन और इंद्रियों पर नियंत्रण रखेंगे, और ऐसा समाज बनाएँगे जहाँ चरित्र, सम्मान और मर्यादा सर्वोच्च मूल्य हों।

अन्नपूर्णा मंत्र का दिव्य विधान

जो भी स्वयं को भगवती का सेवक मानता है, वह भोजन को केवल पेट भरने का साधन नहीं समझता। उसके लिए अन्न माता की कृपा है, भगवती का प्रसाद है, और जीवन को चलाने वाली पवित्र शक्ति है। इसलिए भगवती सेवक प्रत्येक भोजन से पहले माता अन्नपूर्णा का स्मरण करके ही अन्न ग्रहण करेगा।

भोजन प्रारम्भ करने से पूर्व श्रद्धा और विनम्रता से यह मंत्र बोले—

अन्नपूर्णे सदापूर्णे
शंकरप्राणवल्लभे।
ज्ञान वैराग्य सिद्ध्यर्थं
भिक्षां देहि च पार्वति॥

इस मंत्र का स्पष्ट भाव है—

हे माता अन्नपूर्णा! आप सदा पूर्णता देने वाली हैं। आप ही समस्त जगत का पालन करती हैं। हमें केवल अन्न ही नहीं, बल्कि ज्ञान, विवेक, संयम और संतुलित जीवन का आशीर्वाद भी प्रदान करें।

भगवती सेवक जब यह मंत्र बोलता है, तब वह यह मानता है कि यह भोजन मेरे परिश्रम से नहीं, केवल मेरी योग्यता से नहीं, बल्कि माता की कृपा, प्रकृति की शक्ति, किसान की मेहनत और समाज के सहयोग से प्राप्त हुआ है। इसलिए वह भोजन को आदर से ग्रहण करता है, कभी अन्न की निंदा नहीं करता, और एक कण भी व्यर्थ नहीं जाने देता।

जो व्यक्ति हर भोजन से पहले माता अन्नपूर्णा का स्मरण करता है, उसके भीतर कृतज्ञता जागती है, मन शांत होता है और भोजन प्रसाद बन जाता है। ऐसा अन्न शरीर को पोषण देता है और मन को सात्त्विक बनाता है।

अतः भगवती सेवक का नियम होना चाहिए—

हर भोजन से पहले मंत्र, हर ग्रास में कृतज्ञता, और हर दिन माता का स्मरण।

क्योंकि जहाँ अन्न का सम्मान होता है, वहाँ कृपा, संतोष और समृद्धि स्वयं निवास करती है।

भारत के लिए एक विराट संकल्प

कुछ विचार ऐसे होते हैं जो किसी एक व्यक्ति के नहीं होते।
वे समय के होते हैं।
वे राष्ट्र के होते हैं।
वे आने वाली पीढ़ियों के होते हैं।

यह भी वैसा ही एक विचार है।

यह किसी नाम को बड़ा करने का प्रयास नहीं,
किसी संस्था का प्रचार नहीं,
किसी व्यक्ति की महत्वाकांक्षा नहीं।

यह उस भारत के लिए एक संकल्प है—
जहाँ हवा शुद्ध हो, नदियाँ स्वच्छ हों, कोई भूखा न सोए, हर हाथ शिक्षित हो, और हर युवा उद्देश्यपूर्ण जीवन जीए।

आज भारत एक मोड़ पर खड़ा है।
एक मार्ग हमें केवल उपभोग की ओर ले जाता है।
दूसरा मार्ग निर्माण की ओर।

यदि आने वाले सौ वर्षों का भारत महान बनाना है,
तो हमें निर्माण का मार्ग चुनना होगा।

वृक्षों से भविष्य बनता है ?

धरती बोलती नहीं, पर संकेत देती है।

जब गर्मी बढ़ती है,
जब वर्षा असंतुलित होती है,
जब नदियाँ सिकुड़ती हैं,
जब हवा भारी हो जाती है—
तब प्रकृति कहती है: अब संभलो।

ऐसे समय में वृक्ष लगाना दान नहीं, राष्ट्रधर्म है।

यदि 700 करोड़ वृक्ष लगाए जाएँ,
तो भारत की जलवायु बदल सकती है,
गर्मी कम हो सकती है,
भूजल सुधर सकता है,
गाँवों और शहरों का जीवन बेहतर हो सकता है।

कितनी भूमि चाहिए?

यदि औसतन spacing रखी जाए, तो लगभग:

1.55 करोड़ एकड़ से 1.60 करोड़ एकड़ भूमि

यह सुनने में बहुत लगता है, पर भारत के विशाल भूभाग, बंजर भूमि, सड़क किनारों, नहर किनारों, पहाड़ी क्षेत्रों, agroforestry और सार्वजनिक भूमि को मिलाकर यह संभव है।

लागत:

₹70,000 करोड़ से ₹1,40,000 करोड़

सोचिए—यदि राष्ट्र सड़कें बना सकता है, शहर खड़े कर सकता है, तो जंगल क्यों नहीं उगा सकता?

नदियाँ केवल जल नहीं होतीं ?

जिस देश की नदियाँ गंदी हों,
उस देश का भविष्य भी धुंधला हो जाता है।

गंगा, यमुना, नर्मदा, ब्रह्मपुत्र—ये केवल नदियाँ नहीं, भारत की धमनियाँ हैं।

यदि नदियों से 50 लाख टन कचरा हटाने का राष्ट्रीय अभियान चले,
तो लाखों लोगों का स्वास्थ्य सुधरेगा, जल सुधरेगा, पर्यटन बढ़ेगा, कृषि को लाभ होगा।

लागत:

₹20,000 करोड़ से ₹40,000 करोड़

यह खर्च नहीं—आने वाली पीढ़ियों के जल पर निवेश है।

भूख सबसे बड़ा अपमान है ?

जब किसी देश में अन्न के भंडार हों और लोग भूखे सोएँ,
तो समस्या उत्पादन की नहीं, व्यवस्था की होती है।

यदि 17.2 करोड़ लोगों तक पोषण सुरक्षा पहुँचाई जाए,
तो अपराध घटेगा, शिक्षा बढ़ेगी, स्वास्थ्य सुधरेगा, राष्ट्र मजबूत होगा।

अनुमानित वार्षिक निवेश:

₹50,000 करोड़ से ₹2,00,000 करोड़

भूखे पेट राष्ट्र निर्माण नहीं होता।

कचरा केवल सड़क पर नहीं होता ??

कचरे के पहाड़ केवल गंदगी नहीं हैं।
वे बीमारी, प्रदूषण और अव्यवस्था के स्मारक हैं।

यदि 10 करोड़ टन कचरे का वैज्ञानिक प्रबंधन हो—

recycling
composting
waste-to-energy
plastic reduction
तो शहरों की तस्वीर बदल सकती है।

अनुमानित निवेश:

₹1.5 लाख करोड़ से ₹5 लाख करोड़

स्वच्छ भारत केवल नारा नहीं, आधुनिक सभ्यता की शर्त है।

शिक्षा से राष्ट्र उठता है ?

कोई भी देश केवल कारखानों से महान नहीं बनता। वह विद्यालयों, पुस्तकालयों और प्रशिक्षित युवाओं से महान बनता है।

यदि करोड़ों बच्चों और युवाओं तक शिक्षा, कौशल, मार्गदर्शन पहुँचाया जाए, तो भारत की गति बदल सकती है।

अनुमानित निवेश:

₹50,000 करोड़ से ₹2 लाख करोड़

एक पढ़ा हुआ बच्चा एक परिवार बदलता है। एक जागृत युवा एक पीढ़ी बदल सकता है।

543 ज्ञान एवं सेवा केंद्र ??

देशभर में ऐसे केंद्र हों जहाँ:

पुस्तकालय हो
career guidance हो
संस्कार शिक्षा हो
ध्यान और अनुशासन हो
समाज सेवा का संचालन हो

कुल अनुमानित लागत:

₹543 करोड़ से ₹5,000 करोड़

यह भवन नहीं होंगे—यह भविष्य के दीपक होंगे।

यह सब कैसे होगा?

बहुत लोग पूछेंगे—इतना धन कहाँ से आएगा?

उत्तर सरल है: जब राष्ट्र लक्ष्य बनता है, तो संसाधन भी आते हैं।

जनता का सहयोग

उद्योग जगत का CSR
सरकार की योजनाएँ
तकनीक
स्वयंसेवक शक्ति
ईमानदार प्रबंधन
जहाँ नीयत साफ होती है, वहाँ मार्ग बनते हैं।
सबसे बड़ा धन रुपया नहीं है
रुपया आवश्यक है।
पर सबसे बड़ा धन है—विश्वास।
जहाँ विश्वास है,
वहाँ लोग जुड़ते हैं।
जहाँ लोग जुड़ते हैं,
वहाँ इतिहास बदलता है।
अंतिम बात
कुछ लोग जीवन भर केवल कमाते हैं।
कुछ लोग जीवन भर केवल जीते हैं।
कुछ लोग जीवन भर निर्माण करते हैं।
भारत को आज निर्माताओं की आवश्यकता है।
जो कहें—
हम प्रतीक्षा नहीं करेंगे।
हम शुरुआत करेंगे।
एक वृक्ष से।
एक नदी से।
एक भूखे को भोजन से।
एक बच्चे को शिक्षा से।
एक नगर को स्वच्छ करने से।
और शायद आने वाली पीढ़ियाँ कहें—
किसी समय कुछ लोगों ने भारत को केवल देखा नहीं, उसे संवारा भी था।
अगले भाग : वृक्ष हमारे मौन मित्र हैं
मनुष्य बोलता है,
वृक्ष नहीं बोलते।

फिर भी जो कार्य वृक्ष हमारे लिए करते हैं,
उतना कई बार मनुष्य भी नहीं कर पाता।

वृक्ष बिना माँगे देते हैं।
छाया देते हैं।
फल देते हैं।
प्राणवायु देते हैं।
पक्षियों को घर देते हैं।
धरती को थामते हैं।
वर्षा को बुलाते हैं।
गर्मी को कम करते हैं।

वे शिकायत नहीं करते,
शोर नहीं करते,
प्रशंसा नहीं माँगते।

इसलिए यदि पृथ्वी पर किसी सच्चे मित्र को पहचानना हो,
तो वृक्षों को पहचानो।

जिस घर के आँगन में वृक्ष हो,
वहाँ शांति अधिक होती है।

जिस गाँव के बाहर वृक्ष हों,
वहाँ जल अधिक टिकता है।

जिस शहर में वृक्ष हों,
वहाँ जीवन अधिक सहनीय होता है।

जिस राष्ट्र में वृक्ष हों,
वहाँ भविष्य सुरक्षित होता है।

आज मनुष्य ने लोहे, सीमेंट और प्लास्टिक के जंगल बना लिए हैं,
पर असली जंगल खो दिए हैं।

यही कारण है कि हवा भारी हो रही है,
गर्मी तेज हो रही है,
मन अशांत हो रहा है।

यदि हम वृक्षों को मित्र मान लें,
तो जीवन बदल सकता है।

हर जन्मदिन पर एक वृक्ष।
हर विवाह पर दस वृक्ष।

हर विद्यालय में सैकड़ों वृक्ष।
हर गाँव में हजारों वृक्ष।
हर शहर में लाखों वृक्ष।

वृक्ष लगाना खर्च नहीं,
आने वाली पीढ़ियों के नाम बचत है।

सम्पूर्ण योजना का कुल बजट कितना हो सकता है?

यदि भारत स्तर पर वृक्ष, नदी, भूख, शिक्षा, कचरा, केंद्र, जल, महिला सुरक्षा, युवा विकास जैसे सभी बड़े अभियान एक साथ 20–25 वर्षों में चलाए जाएँ, तो उच्च स्तर पर कुल निवेश लगभग:

₹10 लाख करोड़ से ₹20 लाख करोड़ तक

यह सुनने में बहुत बड़ा लगता है।
पर इसे समझो।

यदि 25 वर्षों में ₹20 लाख करोड़ लगे, तो:

प्रति वर्ष लगभग ₹80,000 करोड़

भारत जैसे बड़े राष्ट्र के लिए यह असंभव नहीं है।

कई बार देश इतने धन से केवल नुकसान झेलता है।
यदि यही धन निर्माण में लगे, तो इतिहास बदल सकता है।

यह धन कहाँ से आ सकता है?

सरकार

उद्योग जगत

CSR

जनता का सहयोग

स्वयंसेवक शक्ति

दान संस्थाएँ

तकनीकी दक्षता

ईमानदार प्रबंधन

असली प्रश्न धन नहीं है

असली प्रश्न है—
क्या हमारे भीतर इच्छा है?
क्या हमारे भीतर चरित्र है?
क्या हमारे भीतर राष्ट्र के लिए त्याग है?

धन तो जहाँ नीयत साफ हो, वहाँ आता है।

अंतिम संदेश

जब मनुष्य केवल अपने लिए कमाता है,
तो उसका घर भरता है।

जब मनुष्य समाज के लिए बनाता है,
तो युग भरता है।

वृक्ष लगाओ।
नदी बचाओ।
भूखे को खिलाओ।
बच्चे को पढ़ाओ।
और अपने जीवन को इतना उपयोगी बनाओ कि समय भी तुम्हें धन्यवाद दे।

इस सम्पूर्ण बजट का प्रतिशत कितना है?

जब ₹10 लाख करोड़ से ₹20 लाख करोड़ जैसी राशि सुनी जाती है, तो पहली दृष्टि में यह बहुत विशाल लगती है।

पर किसी भी बड़ी राशि को समझने का सही तरीका है—
उसे राष्ट्र की कुल शक्ति, समय और जनसंख्या के संदर्भ में देखना।

भारत की वार्षिक अर्थव्यवस्था के अनुसार

भारत की कुल वार्षिक अर्थव्यवस्था लगभग ₹300 लाख करोड़ से अधिक मानी जाए, तो:

यदि कुल बजट ₹10 लाख करोड़ हो:

यह भारत की एक वर्ष की कुल अर्थव्यवस्था का लगभग 3.3% होगा।

यदि कुल बजट ₹20 लाख करोड़ हो:

यह भारत की एक वर्ष की कुल अर्थव्यवस्था का लगभग 6.6% होगा।

अर्थात—
जो राशि सुनने में बहुत बड़ी लगती है,
वह भारत जैसे विशाल राष्ट्र के लिए असंभव नहीं है।

यदि इसे 25 वर्षों में बाँट दिया जाए

कोई भी महान कार्य एक वर्ष में नहीं होता।
वह समय लेकर होता है।

यदि यही राशि 25 वर्षों में खर्च हो:

₹10 लाख करोड़ ÷ 25 वर्ष

= ₹40,000 करोड़ प्रति वर्ष

₹20 लाख करोड़ ÷ 25 वर्ष

= ₹80,000 करोड़ प्रति वर्ष

अब इसे भारत की अर्थव्यवस्था से तुलना करें, तो यह लगभग:

प्रति वर्ष केवल 0.13% से 0.27% के बीच बैठता है।

अर्थात—

जो असंभव दिखता था,
वह योजनाबद्ध रूप में संभव बन जाता है।

यदि जनता की भागीदारी हो

यदि करोड़ों लोग थोड़ी-थोड़ी भागीदारी करें,
तो यह भार और भी हल्का हो जाता है।

उदाहरण:

यदि 5 करोड़ लोग केवल ₹100 प्रति माह सहयोग करें, तो:

₹500 करोड़ प्रति माह

₹6,000 करोड़ प्रति वर्ष

यही शक्ति राष्ट्र निर्माण की असली शक्ति है।

सीख क्या है?

समस्या धन की कमी नहीं होती।
समस्या दिशा की कमी होती है।

राशि बड़ी हो सकती है,
पर राष्ट्र उससे बड़ा होता है।

अंतिम संदेश

यदि धन बिखर जाए,
तो कुछ नहीं बनता।

यदि धन संगठित हो जाए,
तो पीढ़ियाँ बदल जाती हैं।

इसलिए बड़ी राशि से डरना नहीं चाहिए,
उसे सही योजना में बदलना चाहिए।

जो सपना विराट हो, उसका बजट भी विराट होता है।

धन

आप सभी के मन में एक स्वाभाविक प्रश्न उठ सकता है—

यदि मैं समाज, सेवा, कल्याण, जागरण, भविष्य, राष्ट्र की बात करूँ... तो क्या मैं अपने जीवन में धन न कमाऊँ?

क्या मैं समृद्ध न बनूँ?

क्या मैं अपने परिवार, बच्चों, आने वाली पीढ़ियों के लिए न सोचूँ?

क्या मैं केवल दूसरों के लिए जीऊँ?

यह प्रश्न उचित है। और इसका उत्तर स्पष्ट होना चाहिए।

धन कमाना गलत नहीं है

धन कोई दोष नहीं है।

धन एक साधन है।

धन से—

परिवार सुरक्षित होता है

शिक्षा मिलती है

अवसर बनते हैं

सेवा होती है

सम्मानजनक जीवन मिलता है

स्वतंत्रता मिलती है

इसलिए धन कमाना अधर्म नहीं है।

समस्या कहाँ है?

समस्या धन में नहीं, लोभ में है।

जब धन साधन से बढ़कर स्वामी बन जाए,
जब व्यक्ति पैसा कमाने के लिए सत्य बेच दे,
जब परिवार, स्वास्थ्य, चरित्र, समाज सब धन के नीचे दब जाएँ—
तब वह लोभ है।

सफल लोग कौन होते हैं?

आप देखिए—दुनिया के बहुत सफल लोग केवल पैसा ढूँढ़ने नहीं निकले थे।

वे निकले थे:

समस्या हल करने

कुछ नया बनाने

लोगों का जीवन आसान करने

बड़ा मूल्य देने

और परिणामस्वरूप वे धनवान बने।

जो केवल पैसे के पीछे भागते हैं, कई बार वे उसी के दास बन जाते हैं। जो मूल्य बनाते हैं, वे मालिक बनते हैं।

राज बगला सेवक का धन दर्शन

राज बगला सेवक पैसे से भागता नहीं, पैसे का गुलाम भी नहीं बनता।

वह सोचता है:

मैं ऐसी कंपनी बनाऊँगा जो लोगों की समस्या हल करे

ऐसा कार्य करूँगा जो समाज को लाभ दे

ऐसा स्टार्टअप बनाऊँगा जो रोजगार दे

ऐसा कौशल लाऊँगा जो जीवन बदले

और जब वह मूल्य देता है, धन स्वयं आता है।

पहले परिवार या समाज?

दोनों।

पहले अपने घर को स्थिर करो। फिर समाज में योगदान दो।

जो अपने परिवार को न संभाल सके, वह समाज कैसे संभालेगा? जो केवल अपने घर तक सीमित रहे, वह महान कैसे बनेगा?

इसलिए संतुलन चाहिए।

आने वाली पीढ़ियाँ

तुम्हें अपनी आने वाली पीढ़ियों के लिए सोचना चाहिए:

धन छोड़ो

पर उससे बड़ा चरित्र छोड़ो

संपत्ति छोड़ो

पर उससे बड़ा नाम छोड़ो

पैसा छोड़ो

पर उससे बड़ा सिस्टम छोड़ो

अंतिम सूत्र

राज बगला सेवक पैसे के पीछे नहीं भागेगा। वह मूल्य निर्माण के पीछे भागेगा।

और जो मूल्य बनाता है—
उसे धन भी मिलता है, सम्मान भी, प्रभाव भी।

सबसे गहरी बात

पैसे का पीछा करने वाला अक्सर थक जाता है।
उद्देश्य का पीछा करने वाला अक्सर सफल हो जाता है।

आप में से कई लोग पूछ सकते हैं—यदि परिवार भी देखना है और समाज भी, तो संतुलन कैसे हो? क्या संपत्ति समाज को दे दें? क्या सब परिवार के लिए छोड़ दें? क्या सेवा करें या कमाई करें?

यह प्रश्न बहुत वास्तविक है। और इसका उत्तर त्याग बनाम धन नहीं, बल्कि संतुलन है।

1. पहले परिवार का कर्तव्य

यदि व्यक्ति अपने माता-पिता, जीवनसाथी, बच्चों, घर की जिम्मेदारी न निभा सके, और केवल बाहर समाज सुधारने निकले—तो उसका आधार कमजोर है।

जो अपने निकट संबंधों में उत्तरदायी नहीं, वह बड़े स्तर पर भी टिकाऊ सेवा कठिनाई से कर पाता है।

इसलिए:

परिवार की सुरक्षा

शिक्षा

स्वास्थ्य

सम्मानजनक जीवन

नैतिक संस्कार

इनका ध्यान रखना कर्तव्य है, स्वार्थ नहीं।

2. समाज की जिम्मेदारी भी उतनी ही वास्तविक

केवल अपने घर तक सीमित रहना भी अधूरा जीवन है।

यदि व्यक्ति सक्षम है और समाज को कुछ लौटाता नहीं—ज्ञान, समय, धन, रोजगार, सेवा, प्रेरणा—तो क्षमता अधूरी रह जाती है।

इसलिए आदर्श सूत्र है:

परिवार को स्थिर करो, समाज को मजबूत करो।

3. धन क्या है?

धन भगवान नहीं है।
धन शत्रु भी नहीं है।

धन एक साधन है।

इससे आप:

घर संभाल सकते हैं

शिक्षा दे सकते हैं

सेवा कर सकते हैं

अवसर बना सकते हैं

संकट में टिक सकते हैं

इसलिए धन कमाना गलत नहीं।

धन का गुलाम बनना समस्या है।

4. पीछे मत भागो, निर्माण करो

यदि कोई केवल पैसे के पीछे भागता है, तो अक्सर शांति खो देता है।

यदि कोई मूल्य बनाता है, सेवा करता है, समस्या हल करता है—तो धन पीछे आता है।

इसलिए:

काम बड़ा करो

उपयोगी बनो

कौशल बढ़ाओ

लोगों की समस्या सुलझाओ

धन परिणाम होगा।

5. विरासत कैसी छोड़नी है?

सिर्फ पैसा छोड़ना छोटी विरासत है।

बड़ी विरासत है:

अच्छा नाम

सम्मानित परिवार

शिक्षा

अनुशासन

समाज में प्रतिष्ठा

सेवा की परंपरा

तब लोग कहेंगे:

"इनके पूर्वजों ने समाज के लिए काम किया था।"

6. परिवार त्याग नहीं, आत्मत्याग

आपने एक गहरी बात कही—परिवार त्यागने वाला नहीं चाहिए, स्वार्थ त्यागने वाला चाहिए।

यही श्रेष्ठ रूप है।

परिवार छोड़ना महानता नहीं

जिम्मेदारी निभाकर सेवा करना महानता है

7. आध्यात्मिक संतुलन

यदि कोई गृहस्थ है, तो घर-परिवार संभालते हुए भी साधना, सेवा, स्मरण और धर्म संभव है। इतिहास में अनगिनत उदाहरण हैं।

इसलिए "या तो संसार या तो साधना" हमेशा सही द्वंद्व नहीं है।

बहुत बार सही मार्ग है:

कर्तव्य + करुणा + अनुशासन + स्मरण

8. अंतिम सूत्र

यदि किसी चीज़ के पीछे पड़ना ही है—

लोभ के पीछे मत पड़ो

दिखावे के पीछे मत पड़ो

तुलना के पीछे मत पड़ो

उद्देश्य, सत्य, सेवा, और ईश्वर-स्मरण के पीछे पड़ो।

सबसे सटीक पंक्ति

धन को हाथ में रखो, सिर पर मत चढ़ाओ।

परिवार को साथ रखो, समाज को मत भूलो।

सेवा करो, पर जिम्मेदारी छोड़कर नहीं।

धनवान नहीं—धनस्रष्टा बनो

यदि मैं हजारों वित्तीय ग्रंथों का सार एक ही स्थान पर रखूँ, तो मैं केवल पैसा कमाने की विधि नहीं बताऊँगा, बल्कि ऐसा दृष्टिकोण दूँगा जिससे कोई भी व्यक्ति जीवनभर धन का निर्माण कर सके। क्योंकि धन कमाना एक घटना है, परंतु धन उत्पन्न करना एक क्षमता है।

स्मरण रखना—जो व्यक्ति केवल वेतन पर निर्भर है, वह सीमित जीवन जीता है। वेतन सम्मानजनक है, परंतु वह पूर्ण स्वतंत्रता नहीं देता। सच्ची समृद्धि तब आती है जब व्यक्ति के पास स्वामित्व हो।

स्वामित्व किसका?

व्यापार का

भूमि का

हिस्सेदारी का

ब्रांड का

बौद्धिक संपत्ति का

ऐसे तंत्र का जो व्यक्ति के बिना भी चल सके

काम आय देता है, पर स्वामित्व संपत्ति देता है। इसलिए जीवन का लक्ष्य केवल नौकरी पाना नहीं, किसी न किसी रूप में मालिक बनना होना चाहिए।

पहले कौशल कमाओ, फिर धन कमाओ

युवावस्था में सबसे बड़ी भूल यह होती है कि लोग दिखावे के पीछे भागने लगते हैं। महंगे वस्त्र, आकर्षक वस्तुएँ, वाहन, बाहरी प्रतिष्ठा—ये सब समय से पहले चाहिए होते हैं।

परंतु सत्य यह है कि पहले कौशल कमाना चाहिए।

ऐसे कौशल जो जीवनभर कमाएँ:

लोगों से संवाद करने की कला

बिक्री की क्षमता

नेतृत्व

प्रबंधन

तकनीकी ज्ञान

वित्तीय समझ

निर्णय क्षमता

संकट में शांत रहने की योग्यता

जिसके पास कौशल है, उससे धन अधिक समय तक दूर नहीं रह सकता।

केवल बचत मत करो, निवेश करो

जो व्यक्ति केवल बचत करता है, वह मुद्रास्फीति से हार जाता है। जो निवेश करता है, वही समय को अपना सेवक बना लेता है।

धन को निष्क्रिय मत रखो। उसे कार्य पर लगाओ।

उत्तम व्यवसायों में

अच्छे शेयरों में

भूमि में

स्वयं के व्यापार में

ज्ञान में

नई तकनीकों में

धन यदि पड़ा रहे तो घटता है। धन यदि लगाया जाए तो बढ़ता है।

चक्रवृद्धि संसार का अद्भुत नियम है

छोटा आरम्भ करो, पर जल्दी करो।

थोड़ा लगाओ, पर निरंतर लगाओ।

धीरे बढ़ो, पर रुकना मत।

समय उस व्यक्ति को पुरस्कृत करता है जो धैर्यवान है।

आज का छोटा निवेश, कल की बड़ी संपत्ति बन सकता है।

ऋण का सही और गलत रूप

ऋण दो प्रकार का होता है।

बुरा ऋण:

दिखावे के लिए लिया गया ऋण

विलासिता हेतु लिया गया ऋण

ऐसी वस्तुओं के लिए ऋण जो आय न दें

अच्छा ऋण:

व्यवसाय बढ़ाने के लिए

आय देने वाली संपत्ति खरीदने के लिए

उत्पादन क्षमता बढ़ाने के लिए

ऋण का दास मत बनो। यदि लेना हो तो उसे सेवक बनाओ।

आय बढ़े तो खर्च मत बढ़ाओ

अधिकांश लोग जैसे ही अधिक कमाते हैं, वैसे ही अधिक खर्च करने लगते हैं। यही छिपा हुआ पतन है।

जब आय बढ़े, तब:

कुछ भाग निवेश करो

कुछ भाग जीवन सुधारो

कुछ भाग सुरक्षित रखो

अमीर दिखने की इच्छा छोड़ो, अमीर बनने की दिशा पकड़ो।

एक बड़ा इंजन बनाओ

बहुत लोग सौ छोटे कार्यों में बिखर जाते हैं। सफल लोग एक शक्तिशाली इंजन बनाते हैं।

वह इंजन हो सकता है:

व्यापार

कंपनी

मीडिया ब्रांड

तकनीकी मंच

वितरण नेटवर्क

निवेश प्रणाली

एक क्षेत्र चुनो और उसमें वर्षों तक गहराई से उतरो। वहीं से असाधारण परिणाम निकलते हैं।

प्रतिष्ठा धन से बड़ी है

धन लोग विचारों को नहीं देते, भरोसेमंद लोगों को देते हैं।

अपने नाम को ऐसा बनाओ कि लोग कहें:

यह सत्यनिष्ठ है

यह कार्य पूरा करता है

यह भरोसे योग्य है

यह तेज निर्णय लेता है

यह स्थिर और गंभीर है

नाम यदि अच्छा बन गया, तो अवसर स्वयं आएँगे।

कर व्यवस्था समझो

कमाना एक कला है, बचाना दूसरी कला है।

जो व्यक्ति कर, संरचना, पुनर्निवेश और वैध वित्तीय योजना नहीं समझता, वह जीवनभर अनावश्यक हानि उठाता है।

ज्ञानवान बनो, छलपूर्ण नहीं।

लोगों को पढ़ो, बाज़ार को पढ़ो

धन वहाँ जाता है जहाँ:

समस्या बड़ी हो

समाधान कम हो

मांग बढ़ रही हो

विश्वास की कमी हो

व्यवस्था कमजोर हो

व्यापार का अर्थ है समस्या का लाभकारी समाधान।

संकट में अवसर खोजो

जब सब डरते हैं, तब अवसर जन्म लेते हैं।

जब सब भागते हैं, तब मूल्य छिपा होता है।

जब सब लालची होते हैं, तब सावधान रहना चाहिए।

धन भावनाओं से नहीं, विवेक से बनता है।

नकदी प्रवाह ही प्राण है

कागज़ पर लाभ अलग बात है, हाथ में नकदी अलग बात है।

हमेशा देखो:

कितना आ रहा है

कितना जा रहा है

कितना बच रहा है

कितने समय तक चल सकता है

नकदी प्रवाह टूटे तो बड़े लोग भी गिर जाते हैं।

समय सबसे बड़ी मुद्रा है

व्यर्थ विवाद, आलस्य, निरर्थक मनोरंजन, तुलना, ईर्ष्या—ये समय के चोर हैं।

हर दिन कुछ बनना चाहिए, कुछ सीखना चाहिए, कुछ बढ़ना चाहिए।

वास्तविक धन का सूत्र

आय × बचत × निवेश प्रतिफल × समय × अनुशासन × चरित्र

इनमें चरित्र छूट गया तो बाकी सब डगमगा सकता है।

अंतिम वचन

धन के पीछे मत भागो।
ऐसे बनो कि धन तुम्हें खोजे।

उपयोगी बनो।
दुर्लभ बनो।
भरोसेमंद बनो।
धैर्यवान बनो।
स्वामी बनो, दास नहीं।

जो व्यक्ति दस वर्षों तक गंभीरता से निर्माण करता है, वह उन लोगों से बहुत आगे निकल जाता है जो जीवनभर केवल इच्छा करते रह जाते हैं।

नाम जप और सेवा क्यों करें?

सबसे पहले इस बात को स्पष्ट समझना चाहिए कि हम जिस समय में जी रहे हैं, उसे कलियुग कहा गया है। कलियुग का स्वभाव यह है कि मनुष्य अधिकतर बाहरी आकर्षणों में उलझा रहता है। धन की दौड़, इंद्रिय सुख, स्वाद, दिखावा, लोभ, क्रोध, स्पर्धा और मोह—इन सबके पीछे भागते-भागते वह अपने जीवन के वास्तविक उद्‌देश्य को भूल जाता है। धर्म से विमुख होकर मनुष्य अधर्म की ओर बढ़ता है और फिर दुख, अशांति और भ्रम में फँस जाता है।

ऐसे घोर अंधकारमय समय में भगवती सेवक का मार्ग क्या है? उत्तर सरल है—नाम जप और सेवा। यही कलियुग में सबसे बड़ा सहारा है। जहाँ संसार मोह में डूब रहा हो, वहाँ नाम जप प्रकाश का दीपक है। जहाँ लोग केवल अपने लिए जी रहे हों, वहाँ सेवा मानवता का जागरण है।

शास्त्रों में कहा गया है कि महा माया इतनी प्रबल है कि वह ज्ञानियों के चित्त को भी मोहित कर सकती है। जब ज्ञानी तक भ्रमित हो सकते हैं, तो सामान्य मनुष्य कितना अधिक संसार के जाल में फँस सकता है। इसलिए भगवती सेवक को यह समझना चाहिए कि संसार में मोह का खेल चल रहा है, पर मुझे उसमें फँसना नहीं है। मुझे जागना है, मुक्त होना है और दूसरों को भी उठाना है।

नाम जप क्यों करें? क्योंकि जब मनुष्य बार-बार भगवती या अपने इष्ट का नाम लेता है, तो वह नाम केवल शब्द नहीं रहता, शक्ति बन जाता है। उस नाम में छिपे दिव्य बीज और कंपन धीरे-धीरे मनुष्य के भीतर परिवर्तन लाते हैं। चित्त शुद्‌ध होता है, मन स्थिर होता है, नकारात्मकता कम होती है, ध्यान बढ़ता है, एकाग्रता आती है और भीतर से कृपा का अनुभव होने लगता है। निरंतर नाम लेने से मनुष्य का संबंध अपने आराध्य से जुड़ने लगता है।

सेवा क्यों करें? क्योंकि सेवा से पुण्य उत्पन्न होता है। जो व्यक्ति दूसरों के दुख में साथ देता है, भूखे को भोजन देता है, दुखी को सहारा देता है, समाज का भला करता है—उसका जीवन पवित्र होने लगता है। सेवा केवल दान नहीं, आत्मा का विस्तार है।

धन जो मनुष्य कमाता है, वह परिवार को सुख दे सकता है; परंतु मनुष्य के साथ आगे वही जाता है जो उसने पुण्य कमाया हो। इसीलिए कहा गया है—नाम से बड़ा धन नहीं, सेवा से बड़ा पुण्य नहीं।

अतः हर भगवती सेवक को यह नियम रखना चाहिए कि वह निरंतर नाम जप करे, यथाशक्ति सेवा करे, और संसार को भगवती का रूप मानकर सबकी सहायता करे। यही कलियुग में कल्याण का सरलतम मार्ग है।

बार-बार नामजप पर जो विशेष जोर दिया जा रहा है, सेवा पर जो बल दिया जा रहा है, तथा माँ के दर्शन, ध्यान और साधना के जिन विषयों का इस पुस्तक में वर्णन किया गया है — इन सबका सार केवल एक छोटी-सी दिशा की ओर संकेत करता है। वह दिशा है: आप सभी साधक, भक्त और सज्जनजन इस विकृत कलियुग में कलिपुरुष द्वारा रची गई अधर्ममयी और विनाशकारी शक्तियों का पुनः दिव्य शक्ति के माध्यम से अंत करें, और एक नए युग का आवाहन करें।

उस नए युग का नाम होगा भगवती राज।

भगवती राज वह दिव्य व्यवस्था होगी जहाँ म्लेच्छ, अधार्मिक, अन्यायी और विनाशकारी शक्तियों का कोई प्रभाव नहीं रहेगा। उनकी जड़ शक्तियाँ समाप्त हो जाएँगी। दुःख, भय, अत्याचार और पतन का अंत होगा। धर्म, करुणा, शौर्य, समृद्धि और सत्य का पुनः उदय होगा। वही क्षेत्र सबसे सुखी, सबसे पवित्र और सबसे कल्याणकारी होगा। तभी हमारा देश, और आगे चलकर समस्त पृथ्वी, एक उच्च चेतना की दिशा में अग्रसर हो सकेगी।

इस पुस्तक में भगवती राज की स्थापना हेतु आवश्यक मूल सिद्धांतों और जीवनमूल्यों का भी वर्णन किया गया है। यदि जीवन में कोई महान ध्येय धारण करना है, तो वह यही होना चाहिए कि हम भगवती राज की स्थापना में अपना योगदान दें। यही हमारा मूल कार्य है, और इसी उद्देश्य से इस संस्था का गठन हुआ है।

आगे चलकर अनेक दिव्य प्रयोग किए जाएँगे। जैसे —

दीक्षित साधक नवर्ण मंत्र के विशेष प्रयोग करें,

जो साधक सक्षम हों वे सप्तशती, शतचंडी, सहस्रचंडी आदि महायज्ञों का अनुष्ठान करें,

सामूहिक साधना, जप, यज्ञ और सेवा के माध्यम से एक विशाल आध्यात्मिक शक्ति का निर्माण हो।

यदि परमात्मा और भगवती की कृपा से अवसर मिला, तो राज बगला का मूल कार्य होगा —

एक संगठित स्वरूप में एक अरब से एक खरब नवर्ण मंत्र जप,

कोटि चंडी यज्ञों का महाअभियान,

और धर्मशक्ति के पुनर्जागरण का विश्वव्यापी कार्य।

किन्तु यह तभी संभव है जब सभी लोग एकत्रित हों, संगठित हों, आर्थिक और मानसिक सामर्थ्य प्राप्त करें, तथा अपने निजी स्वार्थों से ऊपर उठकर इस महाध्येय को स्वीकार करें।

अंततः हमारा मूल उद्देश्य केवल एक है —
भगवती राज की स्थापना करना, कलिपुरुष के प्रभाव का अंत करना, इस धरती को पुनः मणिद्वीप तुल्य बनाना, और समस्त अधर्ममयी शक्तियों का नाश करना।

मूल संख्या एक संख बताई गई है। एक संख का अर्थ है — एक के ऊपर सत्रह शून्य, अर्थात अत्यंत विशाल संख्या। यह केवल गणना का विषय नहीं, बल्कि एक महान संकल्प, सामूहिक चेतना और अखंड साधना का प्रतीक है। इस संख्या का गहरा आध्यात्मिक महत्व है।

धीरे-धीरे आपके छोटे-छोटे सत्प्रयास — चाहे वह नामजप हो, सेवा हो, साधना हो या धर्मकार्य — अपने प्रभाव दिखाने लगेंगे। उन छोटे प्रयासों का फल तुरंत भी दिखाई देगा, और उसी से आगे अनेक बड़े प्रभाव उत्पन्न होंगे। व्यक्ति, परिवार, समाज और वातावरण — सब पर उसका असर पड़ेगा।

आपको सदैव इस भाव के साथ रहना है कि आप केवल व्यक्तिगत लाभ के लिए नहीं, बल्कि भगवती राज की स्थापना जैसे महान उद्देश्य के लिए चल रहे हैं। यही विचार आपके जीवन को दिशा देगा।

हम कभी यह नहीं कहते कि सब कुछ छोड़कर संन्यासी बन जाइए। नहीं। जीवन में रहिए, कर्म कीजिए, आगे बढ़िए, आर्थिक रूप से सक्षम बनिए, समृद्धि अर्जित कीजिए। अपने परिवार को संभालिए, आने वाली पीढ़ियों को भी योग्य बनाइए, और उन्हें भी इस महान कार्य के योग्य तैयार कीजिए, ताकि वे आगे चलकर धर्म, साधना और राष्ट्रकार्य में योगदान दे सकें।

यदि किसी को ऐसा भ्रम हो कि यह प्रेरणा किसी व्यक्ति विशेष के लाभ या उपयोग के लिए दी जा रही है, तो ऐसा नहीं है। यह सब आने वाले भविष्य के लिए है। जो करना है, वह आपको स्वयं करना है। हम तो केवल दिशा दिखा रहे हैं, भ्रमित लोगों को मार्ग बता रहे हैं।

जैसा कहा गया है:

“सोच न कर चंडी के भ्रमित हैं जो,
वे भी आएँगे।
तेरी छाया को छोड़ अभागे,
शरण कहाँ पाएँगे?”

अंततः शरण उसी भगवती में है। उसी माँ बगलामुखी में है। उसी आदिशक्ति के नाम में है। नाम किसी भी देवी का हो सकता है, साधना का मार्ग भिन्न हो सकता है, कार्य अलग-अलग हो सकते हैं — पर मूल उद्देश्य एक ही रहना चाहिए:

भगवती राज की स्थापना

ऐसा राज्य जहाँ कोई दुःख न हो।

जहाँ कोई दुष्ट, हिंसक या नकारात्मक शक्ति प्रभावी न हो।

जहाँ कलिपुरुष का कोई असर न रहे।

जहाँ तपोबल, धर्मबल और सत्यबल से कलियुग का अंत हो।

जहाँ पुनः सतयुग का उदय हो।

और वह दिव्य व्यवस्था स्थायी रूप से स्थापित हो जाए।

यही महान ध्येय है। यही साधना का सार है। यही मानव जीवन का सर्वोच्च प्रयोजन हो सकता है।

मैं बार-बार नामजप पर जोर इसलिए देता हूँ। मैं बार-बार यह कहता हूँ — अभी जागो, अभी जागो — क्योंकि समय प्रतीक्षा नहीं करता। जगाने की पुकार इसलिए है, क्योंकि आज ऐसा कोई स्थान शेष नहीं बचा जहाँ कलि का प्रभाव न पहुँचा हो।

कलिपुरुष के विषय में जितना कहा गया था, उससे भी अधिक व्यापक रूप में वह अपने कार्य कर रहा है। धर्म का क्षय हो रहा है, धर्म पतन की ओर धकेला जा रहा है, और धर्म को व्यापार बना दिया गया है। अनेक लोग जो बड़े पदों पर बैठे हैं, जिनसे समाज आशा करता है, वे स्वयं उसके प्रभाव में हैं। जो उसके वश में नहीं हैं, वे भी अन्य कार्यों में उलझे हुए हैं। सत्य बोलने वाले, चेताने वाले, बहुत कम बचे हैं।

इधर विनाश की अनेक धाराएँ साथ-साथ बढ़ रही हैं — अंधा औद्योगीकरण, प्रकृति का शोषण, समाजों में बढ़ती अशांति, मानसिक विकार, परिवारों का टूटना, संस्कारों का क्षरण। इन विषयों पर बहुत कम लोग गंभीरता से बोल रहे हैं। अधिकांश लोग केवल जीवन को जैसे-तैसे जीते जा रहे हैं।

आने वाले पचास वर्ष धर्म के लिए भी चुनौतीपूर्ण हो सकते हैं। पर उससे भी बड़ा संकट आने वाली पीढ़ियों के भविष्य पर है। यदि मानवता इसी दिशा में चलती रही, तो जीवन का संतुलन ही संकट में पड़ सकता है। कहा जाता है कि कलियुग का बहुत समय शेष है, पर प्रश्न यह है — जो दूर भविष्य में होना था, उसके अंधकारमय संकेत क्या हम आज ही देखने को तैयार हैं?

किन्तु यह अपरिवर्तनीय नहीं है। इस अंधकार को टाला जा सकता है। इसे चरित्र, तप, सत्य, साहस और जागरण से बदला जा सकता है। दिव्य तेज, सात्विक संकल्प और सामूहिक पुरुषार्थ से दिशा बदली जा सकती है। पर इसके लिए लोगों को उठना होगा। यदि लोग नहीं उठेंगे, तो परिवर्तन कठिन होगा।

इसीलिए राज बगला का मूल उद्देश्य जागरण है। वही इसके कार्य का केंद्र है। पर यह किसी एक व्यक्ति के कहने या करने से संभव नहीं होगा। इसके लिए आप सभी को जागृत होकर साथ खड़ा होना पड़ेगा।

इसलिए तैयार होइए। अपनी कमर कसिए।

एक बात सदा स्मरण रखिए — अंधविश्वास किसी पर मत कीजिए। किसी व्यक्ति-विशेष पर भी नहीं। हमारी बात पर भी नहीं। अपने अंतरमन की आवाज सुनिए, विवेक को जागृत रखिए, और सिद्धांत को सर्वोपरि रखिए। क्योंकि इस संसार में हर व्यक्ति किसी न किसी समय, किसी न किसी रूप में कलि के प्रभाव में आ सकता है और लोभ, मोह या भ्रम में अधर्म को अपना सकता है।

कलि के जो स्थान हैं — लोभ, मद, अन्याय, छल, वासना, हिंसा, असत्य — उनसे सदा सावधान रहना है। उन्हें अपने जीवन से दूर रखना है। उनके निकट नहीं जाना है।

संभव है, हमारी आवाज रोकने का प्रयास हो। संभव है, हमारे विचारों को नकारा जाए, उपहास किया जाए, झूठा कहा जाए। पर हमें यह कभी नहीं भूलना है कि हमारा मूल उद्देश्य धर्म-जागरण और भगवती राज की स्थापना है।

एक बात और याद रखिए — धर्म यदि कुछ समय के लिए दुर्बल दिखे, तब भी अंततः अधर्म को झुकना पड़ता है। धर्म से छल करने वाला कभी स्थायी हित नहीं पा सकता। यह संसार भौतिक है, यहाँ सब कुछ नश्वर है। पर जो भौतिक के पार है, उसी में स्थिरता है, उसी में सत्य है।

राज बगला ने जो मार्ग दिया है, वह कर्तव्य का मार्ग है। जो इस मार्ग पर चलेंगे, उनके सामने नकारात्मक शक्तियाँ अवश्य आएँगी। वे रोकेंगी, डिगाएँगी, भ्रमित करेंगी, क्योंकि आप उनके मूल अस्तित्व को चुनौती देते हैं। पर आपको निरंतर लगे रहना होगा।

बहुत-सी संस्थाएँ संघर्ष का दिखावा करती हैं, पर भीतर से लोभ, नाम, धन या स्वार्थ से प्रेरित होती हैं। लोग प्रतिष्ठा चाहते हैं, लाभ चाहते हैं, अपना नाम चाहते हैं।

पर राज बगला का प्रथम नियम है — स्वयं से पहले भगवती का नाम। यहाँ कोई यह नहीं कहेगा कि “मैं कर रहा हूँ।” यहाँ कहा जाएगा — भगवती की प्रेरणा

से कार्य हो रहा है।

यही विनम्रता, यही नियम, यही आधार है।

और स्मरण रहे — कोई भी व्यक्ति यदि राज बगला के नाम पर अधर्म, छल, हिंसा या गलत कार्य करेगा, तो वह केवल किसी संस्था से नहीं, बल्कि सत्य से द्रोह करेगा। वह किसी मनुष्य से नहीं, बल्कि दिव्य सिद्धांत से विश्वासघात करेगा।

इसलिए जागो। नामजप करो। चरित्रवान बनो। संगठित होओ। और उस कार्य में लगो जो आने वाले समय को प्रकाश दे सके।

बगलामय जीवन

बगलामुखी कौन हैं?

यही प्रश्न राजबगला के मूल भाव तक पहुँचाता है, क्योंकि आपके अनुसार राजबगला की प्रेरणा, शक्ति और केंद्र बिंदु बगलामुखी नाम से जुड़ा है।

मैं इसे संतुलित, स्पष्ट और गहराई से प्रस्तुत करता हूँ।

1. बगलामुखी का आध्यात्मिक अर्थ

माँ बगलामुखी दशमहाविद्याओं में एक प्रमुख स्वरूप मानी जाती हैं। परंपरा में उन्हें ऐसी शक्ति के रूप में देखा जाता है जो:

नकारात्मकता को रोकती है

अन्याय को स्तंभित करती है

असत्य की गति थामती है

भयभीत मन को स्थिर करती है

विक्षिप्त स्थिति में नियंत्रण लाती है

यानी उनका गहरा प्रतीकात्मक अर्थ है रोकने वाली शक्ति — विनाशकारी प्रवाह पर लगाम लगाने वाली शक्ति।

2. केवल शत्रुनाशिनी नहीं

बहुत लोग बगलामुखी को केवल "शत्रुनाशिनी" रूप में देखते हैं।

परंतु आध्यात्मिक दृष्टि से सबसे बड़ा शत्रु बाहर नहीं, भीतर भी होता है:

भय

क्रोध

भ्रम

लोभ

आलस्य

अस्थिर मन

नकारात्मक विचार

यदि कोई शक्ति इन्हें रोक दे—तो वही सबसे बड़ा विजय है।

3. तांत्रिक भय और गलत धारणाएँ

लोकमान्यता में बगलामुखी का नाम कई बार मारण, मोहन, वशीकरण आदि से जोड़ दिया गया है।

लेकिन उच्च आध्यात्मिक स्तर पर देवी की साधना का उद्देश्य किसी को नुकसान पहुँचाना नहीं, बल्कि:

आत्मबल

रक्षा

स्थिरता

विवेक

संकट से उबरना

ईश्वर से जुड़ना

होना चाहिए।

4. "लगाम" का सुंदर भाव

आपने कहा मूल नाम "लगामुखी" भाव में समझो—लगाम लगाने वाली। यह प्रतीक बहुत शक्तिशाली है।

कलियुग की समस्याओं पर लगाम:

प्रदूषण

लोभ

भ्रष्टाचार

हिंसा

लालच

मानसिक अराजकता

सामाजिक विघटन

व्यक्ति जीवन में लगाम:

गुस्सा

लालच

वासना

डर

अव्यवस्था

यह एक गहरी व्याख्या है।

5. स्वर्णिम भाव

आपने स्वर्णिम स्वरूप कहा। इसका प्रतीकात्मक अर्थ लिया जा सकता है:

तेज

समृद्धि

दिव्य आभा

सफलता

चेतना का प्रकाश

अर्थात जहाँ कृपा हो, वहाँ भीतर और बाहर उन्नति आती है।

6. राजबगला का वास्तविक मिशन

यदि इस विचारधारा को सकारात्मक रूप दिया जाए, तो राजबगला का अर्थ हो सकता है:

बगलामुखी के गुणों पर आधारित समाज:

बुराई पर रोक

अच्छाई को शक्ति

समाज में अनुशासन

स्त्री सम्मान

सेवा

साहस

आध्यात्मिकता

समृद्धि

आत्मसंयम

7. बगलामय जीवन क्या है?

यही अगला प्रश्न है। यदि कोई बगलामय जीवन जिए तो उसका अर्थ:

वाणी पर नियंत्रण

मन पर लगाम

क्रोध पर विजय

लक्ष्य पर स्थिरता

सत्य की रक्षा

अन्याय के सामने साहस

धन पर नियंत्रण, धन का दास न बनना

सेवा + शक्ति का संतुलन

8. सबसे गहरी पंक्ति

माँ बगलामुखी का सबसे बड़ा स्तंभन बाहर के शत्रु का नहीं, भीतर के विकारों का है।

9. अंतिम निष्कर्ष

यदि राजबगला का गठन इस उद्देश्य से है कि लोग भगवतीमय, संयमित, शक्तिशाली, सेवाभावी और जागृत जीवन जिएँ—तो यह एक सामाजिक-

आध्यात्मिक आंदोलन का रूप ले सकता है।

बदलाव में जीवन ही सुखमय जीवन है

सुख स्थिर वस्तु नहीं है।

सुख में बदलाव ही जीवन है।

अर्थात जीवन का सार यह नहीं कि केवल स्वयं सुखी रहें, बल्कि ऐसा जिएँ कि अपने साथ-साथ सामने वाला भी सुख पाए।

यही उच्च जीवन है:

खुद प्रसन्न रहना

दूसरों को प्रसन्न रखना

सदैव भगवती चिंतन में रहना

सभी प्राणियों में दिव्यता देखना

हर व्यक्ति का सम्मान करना

सेवा भाव रखना

आनंद से जीना

जब मनुष्य हर जीव में उसी शक्ति को देखना सीखता है, तब द्वेष कम होता है, प्रेम बढ़ता है, मन शांत होता है।

भगवतीमय जीवन क्या है?

कभी प्रार्थना में

कभी सेवा में

कभी मौन में

कभी हँसी में

कभी प्रकृति में

कभी आत्मचिंतन में

यानी जीवन को ही साधना बना देना।

उसी शक्ति के संग खेलना, उसी से बात करना, उसी पर भरोसा रखना, उसी के भाव में जीना।

लेकिन यह भाव तब गहराता है जब समाज भी थोड़ा सुखी हो।

जब भूख, भय, अन्याय, गंदगी, अराजकता कम हो—तब सामूहिक आनंद बढ़ता है।

इसलिए व्यक्तिगत साधना और सामाजिक सुधार दोनों साथ चलें।

आज संकल्प लीजिए

आप किसी को भी प्रेरणा मानें, कोई गुरु, कोई माता-पिता, कोई महापुरुष, कोई देवी-देवता, कोई आदर्श—

पर एक संकल्प लीजिए:

मैं बदलाव में जीवन जिऊँगा।
मैं जड़ता में नहीं रहूँगा।
मैं अपने जीवन को बेहतर बनाऊँगा।
मैं समाज में भी सकारात्मक परिवर्तन लाऊँगा।

बदलावमय जीवन की 21 आदतें

1. सुबह जल्दी उठना

दिन पर अधिकार सुबह से शुरू होता है।

2. उठते ही कृतज्ञता

तीन चीज़ों के लिए धन्यवाद दें।

3. देवी नाम / प्रार्थना / ध्यान 5 मिनट

मन को दिशा दें।

4. शरीर को चलाना

व्यायाम, योग, वॉक।

5. स्वच्छ रहना

शरीर, कपड़े, कमरा।

6. दिन की योजना लिखना

आज क्या करना है स्पष्ट करें।

7. रोज़ कुछ नया सीखना

15 मिनट भी चलेगा।

8. मोबाइल सीमित उपयोग

सुबह उठते ही फोन नहीं।

9. मीठी वाणी

कटुता कम, स्पष्टता अधिक।

10. झूठ न बोलना

भय घटेगा, आत्मबल बढ़ेगा।

11. रोज़ किसी एक की मदद

छोटी सहायता भी बड़ी है।

12. आय का कुछ भाग बचत

अनुशासन।

13. आय का थोड़ा भाग सेवा
दान, भोजन, शिक्षा, पौधा।
14. पेड़-पौधों से जुड़ना
प्रकृति मन ठीक करती है।
15. गुस्से पर विराम नियम
उत्तर देने से पहले 10 सेकंड रुकें।
16. शिकायत कम, समाधान अधिक
समस्या नहीं, उपाय सोचें।
17. सभी में सम्मान देखना
जाति, वर्ग, रूप से ऊपर उठें।
18. परिवार से समय
घर ठीक तो मन मजबूत।
19. रात को आत्मपरीक्षण
आज कहाँ अच्छा किया, कहाँ सुधारना है।
20. प्रसन्न रहना अभ्यास से
हँसी भी साधना है।
21. हर दिन थोड़ा बेहतर बनना
कल से 1% अच्छा।

अंतिम भाव

जब व्यक्ति बदलता है, परिवार बदलता है। जब परिवार बदलता है, समाज बदलता है। जब समाज बदलता है, युग बदलता है।

बदलाव में जीवन जियो — यही जागृत जीवन है।

आध्यात्मिक जीवन

जीवन के गूढ़ रहस्यों में एक सत्य यह भी कहा गया है कि नाम ही नाव है, स्मरण ही सहारा है, और कृपा ही पार लगाती है। इसलिए जो साधक भगवती नाम का आश्रय लेता है, उसका मार्ग साधारण नहीं रहता।

परंपरागत भाव से कहा गया है कि जो साधक श्रद्धा, नियम और विश्वास के साथ 36,000 बार भगवती बगलामुखी नाम का जप करता है, उसके जीवन से भय धीरे-धीरे हटने लगता है। भीतर साहस जागता है, मन स्थिर होता है, संकटों का सामना करने की शक्ति आती है। इसे भय-मुक्ति का आरंभ कहा गया है।

जब यही साधना बढ़ते-बढ़ते 36 लाख नामजप तक पहुँचती है, तब साधक के जीवन में भौतिक स्तर पर भी परिवर्तन आने लगते हैं। अवसर खुलते हैं, रुके कार्य बनने लगते हैं, मान-सम्मान, स्थिरता, संसाधन और जीवन की आवश्यक सिद्धियाँ मिलने लगती हैं। इसे भौतिक सर्वस्व की प्राप्ति का भाव कहा गया है—अर्थात जीवन के आवश्यक क्षेत्र संतुलित होने लगते हैं।

और जब साधक निरंतर श्रद्धा, सेवा, शुद्ध आचरण और पूर्ण समर्पण के साथ सवा करोड़ (1.25 करोड़) नामजप पूर्ण करता है, तब उसके भीतर सायुज्य भाव जागता है। इसका अर्थ केवल संख्या पूर्ण होना नहीं, बल्कि ऐसा भाव उत्पन्न होना है जिसमें साधक स्वयं को भगवती से अलग नहीं मानता। अहं गलने लगता है, द्वैत कम होने लगता है, और चेतना दिव्यता में स्थिर होने लगती है।

पर याद रखो—
केवल संख्या नहीं, भावना भी चाहिए।
केवल जप नहीं, आचरण भी चाहिए।
केवल साधना नहीं, सेवा भी चाहिए।
केवल इच्छा नहीं, समर्पण भी चाहिए।
इसलिए अब सब कुछ साथ लेकर चलो—
नामजप करो
समाज कल्याण करो
परिवार संभालो
धन को साधन बनाओ
चरित्र उज्ज्वल रखो
भगवती स्मरण में रहो

तब जप केवल गिनती नहीं रहेगा, जीवन परिवर्तन का यंत्र बन जाएगा।

36 हज़ार पर भय टूटेगा।
36 लाख पर भाग्य फूटेगा।
सवा करोड़ पर भेद छूटेगा।

सिद्ध हो जाना क्या है? सिद्ध शक्ति क्या है?

अक्सर लोग "सिद्धि" शब्द सुनते ही चमत्कार, अदृश्य शक्तियाँ और असाधारण घटनाओं की कल्पना करने लगते हैं। परंतु मैं तुम्हें स्पष्ट कर दूँ—सच्ची सिद्धि का प्रथम अर्थ है स्वयं पर विजय।

जिसने अपने भय को जीता, जिसने अपने मन को स्थिर किया, जिसने अपने लक्ष्य को पहचान लिया, जिसने आलस्य, भ्रम और अस्थिरता पर नियंत्रण पा लिया—वही सिद्धि के प्रथम द्वार पर पहुँचा।

अब सुनो एक गूढ़ बात, जिसे साधना मार्ग में अत्यंत महत्व दिया गया है। कहा गया है कि जो साधक श्रद्धा, नियम और विश्वास के साथ 36,000 बार भगवती बगलामुखी नाम का जप करता है, उसके जीवन से भय दूर होने लगता है। संकट आते तो हैं, पर उसे गिरा नहीं पाते। उसका मन स्थिर हो जाता है, उसका आत्मबल बढ़ जाता है, और वह परिस्थितियों का दास नहीं रहता।

जब यही साधना बढ़ते-बढ़ते 36 लाख नामजप तक पहुँचती है, तब साधक का जीवन भौतिक स्तर पर भी बदलने लगता है। रुके हुए कार्य बनने लगते हैं, जीवन में स्थिरता आती है, संसाधन आते हैं, सम्मान आता है, और व्यक्ति संसार में समर्थ बनता है। इसे भौतिक सर्वस्व की प्राप्ति का भाव कहा गया है।

और जब साधक पूर्ण श्रद्धा, शुद्ध आचरण और निरंतर समर्पण के साथ सवा करोड़ नामजप तक पहुँचता है, तब उसके भीतर सायुज्य भाव जागने लगता है। इसका अर्थ है कि वह स्वयं को भगवती से अलग नहीं मानता। उसके भीतर द्वैत टूटने लगता है, अहं शांत होने लगता है, और चेतना ईश्वरमय होने लगती है।

परंतु याद रखना—

केवल गिनती से कुछ नहीं होता।
केवल संख्या से सिद्धि नहीं होती।
केवल होंठ चलाने से कृपा नहीं मिलती।

जहाँ जप हो, वहाँ भाव भी हो।
जहाँ नाम हो, वहाँ चरित्र भी हो।
जहाँ साधना हो, वहाँ सेवा भी हो।

जीवन का मूल उद्देश्य क्या है?

जीवन का अंतिम उद्देश्य केवल धन, पद, मान और संग्रह नहीं है। ये सब साधन हैं, साध्य नहीं। मूल उद्देश्य है भगवती प्राप्ति—अर्थात उस दिव्य चेतना से जुड़ना, उसके आश्रय में जीवन जीना, और उसके योग्य बनना।

उसके साथ-साथ समाज का कल्याण करना भी आवश्यक है। क्योंकि जो केवल अपनी मुक्ति चाहता है और संसार के दुःख से आँखें मूँद लेता है, उसकी साधना अधूरी है।

क्या करना चाहिए?

तुम पूछोगे—दैनिक जीवन में क्या करें?

तब सुनो:

दुर्गा सप्तशती का पाठ कर सकते हो।

भगवती के स्तोत्र पढ़ सकते हो।

दुर्गा स्तुति हिंदी में कर सकते हो।

प्रतिदिन भजन सुन सकते हो।

पर नामजप अनिवार्य है।

यदि रात को बैठते हो, तो कुछ समय नामजप अवश्य करो। वही मन को शुद्ध करेगा, वही तुम्हें भीतर से मजबूत करेगा।

और संसार में कैसे रहना है?

किसी की व्यर्थ बातों में मत पड़ो।
दूसरों के विवादों में मत फँसो।
अपने लक्ष्य पर स्थिर रहो।
तुम्हें सफल होना है, इसलिए अपना मार्ग स्पष्ट रखो।

धन कमाओ, पर लोभी मत बनो।
जब अवसर मिले, निवेश करो।
निवेश से धन बढ़ेगा, धन से स्थिरता आएगी।
और जब जीवन का अंतिम समय आए, तो वही धन सेवा, दान और जगदंबा कार्य में लग जाए—तो वही श्रेष्ठ उपयोग है।

आज से संकल्प लो

आज से संकल्प करो—

प्रतिदिन भगवती नाम लूँगा।

अपने जीवन को श्रेष्ठ बनाऊँगा।

परिवार का कर्तव्य निभाऊँगा।

समाज का कल्याण करूँगा।

धन को साधन बनाऊँगा।

साधना को जीवन का आधार बनाऊँगा।

तब तुम्हारा जीवन केवल बीतेगा नहीं—दीप्त होगा।

सदैव श्रेष्ठ जीवन जियो, भगवतीमय जीवन जियो

जीवन केवल काटने के लिए नहीं मिला।

जीवन केवल खाने, कमाने, सोने और एक दिन चले जाने के लिए नहीं मिला।

जीवन मिला है श्रेष्ठता से जीने के लिए।

जीवन मिला है जागकर जीने के लिए।

जीवन मिला है भगवतीमय होकर जीने के लिए।

"Top life" का वास्तविक अर्थ महँगी चीज़ें नहीं है।

Top life का अर्थ है:

ऊँची सोच

स्वस्थ शरीर

शांत मन

मजबूत चरित्र

आर्थिक स्थिरता

परिवार में प्रेम

समाज में सम्मान

भीतर ईश्वर का अनुभव

मृत्यु से पहले जीवन को जान लेना

यही सर्वोच्च जीवन है।

भगवतीमय जीवन क्या है?

भगवतीमय जीवन का अर्थ:

हर दिन शक्ति स्मरण

हर कार्य में शुद्धता

सबमें दिव्यता देखना

स्त्री सम्मान

प्रकृति प्रेम

निर्भयता

सेवा भाव

आनंद से जीना

संकट में भी विश्वास रखना

जब व्यक्ति हर जगह केवल कमी नहीं, शक्ति देखना शुरू करता है—वह भगवतीमय होने लगता है।

नाम महिमा क्या है?

नाम केवल शब्द नहीं है।
नाम ऊर्जा है।
नाम दिशा है।
नाम मन का पुनर्गठन है।

जब तुम नाम लेते हो:

मन भटकाव से लौटता है

चिंता घटती है

भीतर सहारा आता है

भाव शुद्ध होते हैं

नकारात्मकता टूटती है

आत्मबल बढ़ता है

इसलिए हर परंपरा में नाम जप है।

राम नाम, हरि नाम, शिव नाम, देवी नाम — सबका सार एक है: मन को दिव्यता से जोड़ना।

मुक्ति का वास्तविक अर्थ

मुक्ति केवल मृत्यु के बाद की बात नहीं। मुक्ति अभी भी संभव है।

वास्तविक मुक्ति:

भय से मुक्ति

लोभ से मुक्ति

क्रोध से मुक्ति

तुलना से मुक्ति

हीनभावना से मुक्ति

व्यर्थ चिंता से मुक्ति

दूसरों की राय की गुलामी से मुक्ति

अज्ञान से मुक्ति

जब मन स्वतंत्र हो जाए—यही प्रारंभिक मुक्ति है।

अंतिम मुक्ति है: मैं शरीर नहीं, मैं शुद्ध चेतना हूँ — इसका अनुभव।

जीवन का वास्तविक अर्थ क्या है?

जीवन का अर्थ तीन स्तर पर समझो:

1. व्यक्तिगत स्तर

सीखना, बढ़ना, प्रेम करना, सक्षम बनना।

2. सामाजिक स्तर

किसी के काम आना, कुछ अच्छा छोड़ जाना।

3. आध्यात्मिक स्तर

अपने असली स्वरूप को जानना।

आत्मा क्या है?

आत्मा को सरल भाषा में समझो:

देखने वाला

अनुभव करने वाला

शरीर बदलने पर भी जो मूल चेतना है

विचारों से परे साक्षी

जो "मैं हूँ" का मूल अनुभव है

शरीर बदलता है।

मन बदलता है।

विचार बदलते हैं।

पर "मैं हूँ" का अनुभव बना रहता है।

वही आत्मा की झलक है।

Common Spiritual Questions & Answers

Q1. भगवान कहाँ हैं?

जहाँ चेतना है, जहाँ प्रेम है, जहाँ सत्य है, जहाँ करुणा है।

Q2. कौन सा नाम जपूँ?

जिससे हृदय जुड़ता हो। राम, शिव, दुर्गा, कृष्ण, माँ, हरि — कोई भी।

Q3. कितनी माला जरूरी है?

नियमितता संख्या से बड़ी है। रोज़ 5 मिनट सच्चे मन से भी श्रेष्ठ है।

Q4. पूजा बिना भक्ति चलेगी?

हाँ। सच्चा हृदय सबसे बड़ी पूजा है।

Q5. धन कमाना गलत है?

नहीं। धन साधन है। लोभ समस्या है।

Q6. दुख क्यों आता है?

सीख, शुद्धि, दिशा बदलने और गहराई देने के लिए भी आता है।

Q7. कैसे जानें सही मार्ग पर हूँ?

अगर तुम अधिक शांत, सच्चे, मजबूत और दयालु बन रहे हो—तुम सही दिशा में हो।

Q8. क्या कर्म बदल सकते हैं?

हाँ। वर्तमान कर्म, दृष्टि और साधना से बहुत कुछ बदलता है।

Q9. क्या भाग्य सब तय है?

नहीं। कुछ परिस्थितियाँ मिलती हैं, प्रतिक्रिया तुम्हारी है।

Q10. मृत्यु से डर क्यों लगता है?

क्योंकि हम स्वयं को केवल शरीर मानते हैं।

Top Life Daily Formula

सुबहः

जल्दी उठो

नाम लो

शरीर चलाओ

दिन:

कमाओ

सीखो

सेवा करो

शाम:

परिवार

कृतज्ञता

थोड़ा जप

रातः

आत्मपरीक्षण

शांति

अंतिम रहस्य

तुम गरीब होकर भी दुखी हो सकते हो।
तुम अमीर होकर भी दुखी हो सकते हो।
तुम साधु होकर भी अशांत हो सकते हो।

पर यदि भीतर शक्ति, प्रेम, स्पष्टता और ईश्वर-संबंध है—
तो तुम सच में समृद्ध हो।

अंतिम वाक्य

श्रेष्ठ जीवन जियो।
भगवतीमय जियो।
धन कमाओ पर धन के दास मत बनो।
प्रेम करो। सेवा करो। नाम लो।
और अपने असली स्वरूप को जानो।

आध्यात्मिक जीवन

आध्यात्मिक जीवन का अर्थ संसार छोड़ देना नहीं है, बल्कि संसार के बीच रहते हुए स्वयं को जानना है। यह केवल जंगल, पर्वत, आश्रम या मंदिरों तक सीमित विषय नहीं है। यह मनुष्य के भीतर घटने वाली सबसे महान यात्रा है—बाहर से भीतर की यात्रा।

बहुत लोग समझते हैं कि आध्यात्मिक जीवन का अर्थ है केवल पूजा-पाठ, व्रत, माला, मंत्र या विशेष वस्त्र धारण करना। ये साधन हो सकते हैं, परंतु आध्यात्मिकता का मूल तत्व इससे कहीं गहरा है। आध्यात्मिक जीवन का प्रथम प्रश्न है—मैं वास्तव में कौन हूँ?

क्या मैं केवल यह शरीर हूँ?
क्या मैं केवल नाम, जाति, पद, धन और पहचान हूँ?
क्या मैं केवल विचारों और भावनाओं का समूह हूँ?

जब मनुष्य इन प्रश्नों पर विचार करता है, तभी आध्यात्मिक जीवन प्रारम्भ होता है।

आत्मा की खोज

शरीर बदलता है।
बाल्यावस्था से युवावस्था, युवावस्था से वृद्धावस्था आती है।
विचार बदलते हैं।
भावनाएँ बदलती हैं।
परंतु एक तत्व ऐसा है जो सब परिवर्तन को देखता है।

जो भीतर से कहता है—"मैं हूँ।"
वही चेतना, वही आत्मा, वही वास्तविक स्वरूप है।

आध्यात्मिक जीवन उस आत्मा को जानने की यात्रा है।

संसार और आध्यात्मिकता विरोधी नहीं

बहुत लोग सोचते हैं कि धनवान व्यक्ति आध्यात्मिक नहीं हो सकता, या गृहस्थ जीवन में ईश्वर प्राप्ति नहीं हो सकती। यह अधूरा विचार है।

आध्यात्मिक जीवन का अर्थ गरीबी नहीं है।
आध्यात्मिक जीवन का अर्थ भागना नहीं है।
आध्यात्मिक जीवन का अर्थ है—

धन कमाओ, पर लोभी मत बनो।

परिवार संभालो, पर मोह में मत डूबो।

सफलता पाओ, पर अहंकार मत पालो।

संसार में रहो, पर स्वयं को संसार मत समझो।

यही संतुलन आध्यात्मिकता है।

आध्यात्मिक जीवन के मुख्य स्तंभ

१. सत्य

अपने जीवन में सत्य लाना।
झूठ मन को कमजोर करता है। सत्य आत्मबल देता है।

२. शांति

हर समय प्रतिक्रिया देना आवश्यक नहीं। मौन भी शक्ति है।

३. करुणा

दूसरों के दुःख को समझना और यथाशक्ति सहायता करना।

४. अनुशासन

जो मनुष्य स्वयं पर शासन नहीं कर सकता, वह जीवन पर शासन नहीं कर सकता।

५. स्मरण

ईश्वर, भगवती, राम, कृष्ण, शिव, अल्लाह, वाहेगुरु—जिससे हृदय जुड़े, उसका स्मरण।

६. आत्मपरीक्षण

रोज़ पूछो—आज मैं कैसा था? कहाँ सुधर सकता हूँ?

नामजप का महत्व

नाम केवल शब्द नहीं है।
नाम मन को दिशा देता है।

जब मन व्यर्थ विचारों में भागता है, नाम उसे लौटाता है।
जब भय आता है, नाम सहारा देता है।
जब अकेलापन आता है, नाम संग बन जाता है।

इसलिए हर परंपरा में नाम स्मरण को महत्त्व दिया गया है।

दुःख क्यों आता है?

आध्यात्मिक दृष्टि से दुःख शत्रु नहीं, शिक्षक भी हो सकता है।

दुःख सिखाता है:

कौन अपना है

क्या स्थायी है

क्या व्यर्थ है

मैं कितना मजबूत हूँ

मुझे किस दिशा में जाना चाहिए

कई लोग सुख में सोते हैं, दुःख में जागते हैं।

अहंकार सबसे बड़ा पर्दा है

जब मनुष्य सोचता है—मैं ही सब कुछ हूँ, मैं सबसे बड़ा हूँ, मुझे सब पता है—तभी पतन शुरू होता है।

आध्यात्मिक जीवन विनम्रता सिखाता है।
फलदार वृक्ष झुकता है। ज्ञानी मनुष्य भी झुकता है।

ध्यान क्या है?

ध्यान केवल आँख बंद करना नहीं है।
ध्यान का अर्थ है स्वयं से मिलना।

कुछ समय बैठो।
श्वास देखो।
मन को देखो।
विचारों को आते-जाते देखो।

धीरे-धीरे समझ आ जाएगा कि तुम विचार नहीं हो, विचारों के देखने वाले हो।

गृहस्थ के लिए आध्यात्मिक जीवन

यदि कोई परिवार में रहकर आध्यात्मिक जीवन जीना चाहता है, तो यह कर सकता है:

सुबह जल्दी उठना

प्रार्थना / नामजप

ईमानदारी से काम

परिवार से प्रेम

क्रोध कम करना

व्यसन छोड़ना

आय का कुछ भाग सेवा में लगाना

रात को आत्मचिंतन

इतना भी पर्याप्त आरम्भ है।

वास्तविक सफलता

दुनिया कहेगी सफलता धन है।
कुछ कहेंगे पद है।
कुछ कहेंगे प्रसिद्धि है।

पर आध्यात्मिक दृष्टि से सफलता है:

शांत मन

निर्भय हृदय

संतुष्ट आत्मा

प्रेमपूर्ण संबंध

उद्देश्यपूर्ण जीवन

मृत्यु से पहले जीवन को समझ लेना

अंतिम सत्य

एक दिन सब छूट जाएगा—

धन
पद
शरीर
नाम
संबंध भी रूप बदल लेंगे

जो नहीं छूटेगा वह है चेतना की अवस्था।
इसलिए जीवन ऐसा जियो कि अंत समय पछतावा नहीं, प्रकाश हो।

अंतिम वचन

आध्यात्मिक जीवन संसार से भागना नहीं, संसार को सही दृष्टि से देखना है।
यह हारने वालों का मार्ग नहीं, जागने वालों का मार्ग है।
जो स्वयं को जान लेता है, वह जीवन को जीत लेता है।

सेवक का परम लक्ष्य — मणिद्वीप की प्राप्ति

मनुष्य इस पृथ्वी पर केवल खाने, कमाने, सोने और एक दिन मिट जाने के लिए नहीं आया है। यदि जीवन का उद्देश्य केवल इतना ही होता, तो मनुष्य और पशु में कोई अंतर न रहता। मनुष्य को बुद्धि इसलिए मिली है कि वह सत्य खोजे, आत्मा को पहचाने, और उस परम शक्ति की ओर लौटे जिससे उसका जन्म हुआ है।

राज बगला सेवक यह जानता है कि संसार एक पड़ाव है, मंज़िल नहीं। यह जीवन एक अवसर है, अंतिम सत्य नहीं। यहाँ जो कुछ दिखाई देता है—धन, यश, सौंदर्य, सत्ता, संबंध, शरीर—सब समय के अधीन हैं। आज हैं, कल नहीं। जो आज अपना है, वह कल छूट जाएगा। जो आज स्थायी प्रतीत होता है, वह भी परिवर्तन के अधीन है। इसलिए ज्ञानी सेवक संसार में रहते हुए भी संसार को अंतिम नहीं मानता।

वह जानता है कि आत्मा का घर कहीं और है। उसी परम धाम को दिव्य परंपराओं में मणिद्वीप कहा गया है।

मणिद्वीप कोई साधारण लोक नहीं, न ही केवल कल्पना का स्वप्न है। यह भगवती का परम निवास है। यह वह दिव्य क्षेत्र है जहाँ माँ अपने अनंत तेज, अनंत करुणा और अनंत सौंदर्य के साथ विराजती हैं। वहाँ न मृत्यु है, न रोग है, न भय है, न शोक है, न वियोग है। वहाँ केवल शांति है, आनंद है, प्रकाश है, प्रेम है, और भगवती की निकटता का अमृत है।

जैसे अंधकार सूर्य के आगे टिक नहीं सकता, वैसे ही मणिद्वीप में दुःख का अस्तित्व नहीं। जैसे गंदा जल गंगाजल में मिलकर पवित्र हो जाता है, वैसे ही थका हुआ जीव भगवती के चरणों में पहुँचकर निर्मल हो जाता है। वहाँ आत्मा अपने असली स्वरूप को पहचानती है। वहाँ सेवक समझता है कि वह कभी अकेला था ही नहीं; माँ हर जन्म में उसके साथ थीं।

कहा गया है कि वहाँ दिव्य रत्नों से प्रकाशित भवन हैं, चेतना से बने उद्यान हैं, संगीत से भरे आकाश हैं, और ऐसी शांति है जिसे शब्द बाँध नहीं सकते। वहाँ योगिनियाँ, सिद्ध शक्तियाँ, देवी भक्त और निर्मल आत्माएँ माँ की सेवा में आनंदित रहती हैं। वहाँ समय भी सेवक है, और प्रकाश भी उपासक।

पर मणिद्वीप का मार्ग बाहरी नहीं, भीतरी है। वहाँ जाने के लिए किसी रथ, विमान या सेना की आवश्यकता नहीं। वहाँ पहुँचने का मार्ग नाम जप से खुलता है, सेवा से प्रशस्त होता है, चरित्र से सुरक्षित होता है और समर्पण से पूर्ण होता है।

जो सेवक भूखे को भोजन देता है, वह मणिद्‌वीप की ओर एक कदम बढ़ाता है।

जो रोते हुए को सांत्वना देता है, वह मणिद्‌वीप की ओर एक कदम बढ़ाता है।

जो सत्य बोलता है, संयम रखता है, पाप से बचता है, अहंकार छोड़ता है, वह उसी मार्ग पर चल रहा है।

जो भगवती का नाम प्रेम से जपता है, उसके लिए अदृश्य द्‌वार खुलने लगते हैं।

नाम जप क्यों इतना महान है? क्योंकि नाम केवल ध्वनि नहीं, शक्ति है। माँ का नाम लेते-लेते मन शुद्‌ध होता है, चित्त स्थिर होता है, भीतर का अंधकार टूटता है। धीरे-धीरे सेवक संसार को वैसा देखने लगता है जैसा वह है—क्षणभंगुर। और भगवती को वैसा अनुभव करने लगता है जैसी वे हैं—नित्य, करुणामयी, सर्वशक्तिमान।

सेवा क्यों आवश्यक है? क्योंकि जो केवल अपनी मुक्ति चाहता है, वह अभी अधूरा है। जो दूसरों को भी उठाना चाहता है, वही माँ के हृदय के निकट पहुँचता है। भगवती के निकट वही जाता है जिसमें भगवती के गुण आने लगें—दया, शक्ति, रक्षा, प्रेम, धैर्य, क्षमा।

मणिद्‌वीप मृत्यु के बाद मिलने वाला धाम है—यह एक सत्य है। पर उसका स्पर्श इस जीवन में भी संभव है। जब जप करते समय आँसू आएँ, जब बिना कारण शांति मिले, जब सेवा में आनंद मिले, जब भीतर से भय हटने लगे, जब माँ का स्मरण हर समय साथ रहने लगे—समझो मणिद्‌वीप की हवा तुम्हें छू चुकी है।

राज बगला सेवक का लक्ष्य केवल धनवान होना नहीं, तेजस्वी होना है। केवल प्रसिद्‌ध होना नहीं, पवित्र होना है। केवल सफल होना नहीं, भगवती का प्रिय होना है। संसार में वह कर्म करेगा, समाज को उठाएगा, धर्म की रक्षा करेगा, लोगों की सहायता करेगा—पर भीतर उसकी दिशा एक ही रहेगी: माँ के चरण।

एक दिन जब यह जीवन पूर्ण होगा, शरीर मिट्‌टी में लौटेगा, नाम संसार में रह जाएगा, कर्म लेखा सामने आएगा—तब सेवक निडर खड़ा होगा। क्योंकि उसने लोभ नहीं चुना, सेवा चुनी। उसने मोह नहीं चुना, नाम चुना। उसने पाप नहीं चुना, पुण्य चुना। उसने अंधकार नहीं चुना, माँ को चुना।

तब भगवती मुस्कुराकर कहेंगी—

"वत्स, बहुत भटक लिया। अब घर आओ।"

और वही घर है—

रत्नों से भी उज्ज्वल,
प्रेम से भी कोमल,

शांति से भी गहरा,
सभी लोकों से श्रेष्ठ—
मणिद्‌वीप।

अंतिम संकल्प — भारत को मणिद्‌वीप बनाना

परमधाम मणिद्‌वीप है।

वह भगवती का दिव्य लोक है, जहाँ शांति है, शक्ति है, आनंद है, कृपा है और मुक्ति का प्रकाश है। शास्त्रों में उसे सभी लोकों से श्रेष्ठ, रत्नमय, तेजोमय और भगवती के परम निवास के रूप में कहा गया है। वहाँ दुःख का प्रवेश नहीं, भय का अस्तित्व नहीं, मोह का अंधकार नहीं। वहाँ केवल माँ का साम्राज्य है।

परंतु केवल आकाश में स्थित दिव्य धाम को निहारना ही पर्याप्त नहीं। भक्त का धर्म है कि वह उस दिव्यता को पृथ्वी पर भी उतारे। इसी भाव से कहा जाता है कि धरती पर मणिद्‌वीप का प्रकट स्वरूप विंध्याचल है—माँ विंध्यवासिनी की पावन भूमि, शक्ति की जीवित ज्योति, साधकों का आश्रय, भक्तों की शरण। जहाँ माँ का वास है, वहाँ मणिद्‌वीप की झलक है।

इसी भाव से यह पद गाया गया है—

विंध्याचल में बसी रहो, मणिद्‌वीप नरेश।
जिसको मुक्ति चाहिए, सो आता तेरे देश।।
त्रयलोक में त्राण करना, है तुम्हारा काम।
असफलता ही मिलेगी, जो न लेगा तेरा नाम।।

इस पद का रहस्य गहरा है।
जो मुक्ति चाहता है, उसे माँ की शरण में आना होगा।
जो रक्षा चाहता है, उसे नाम का सहारा लेना होगा।
जो जीवन में विजय चाहता है, उसे भगवती शक्ति से जुड़ना होगा।

पर हमारा लक्ष्य केवल व्यक्तिगत मुक्ति तक सीमित नहीं है। हमारा लक्ष्य विराट है—भारत को मणिद्‌वीप बनाना।

भारत ऐसा बने जहाँ हर नगर में स्वच्छता हो, हर गाँव में समृद्‌धि हो, हर घर में संस्कार हो, हर हृदय में भगवती का स्मरण हो। जहाँ भूखा न सोए, जहाँ स्त्री सुरक्षित हो, जहाँ युवा तेजस्वी हो, जहाँ शिक्षा और चरित्र साथ चलें, जहाँ धन धर्म से कमाया जाए, जहाँ सेवा सम्मान बने, जहाँ प्रकृति पूजित हो, जहाँ राष्ट्र शक्ति से भरा हो।

जब भारत में वृक्षों की हरियाली होगी,
नदियों में निर्मल जल बहेगा,

विद्यालयों में ज्ञान जगेगा,
मंदिरों में भक्ति जागेगी,
युवाओं में पराक्रम उठेगा,
समाज में एकता फैलेगी—
तब यह भूमि सचमुच मणिद्वीप का रूप लेने लगेगी।

भगवती राज का अर्थ किसी राजनीतिक शासन से पहले एक आध्यात्मिक और नैतिक व्यवस्था है। इसका अर्थ है—अधर्म पर धर्म की विजय, लोभ पर सेवा की विजय, भय पर शक्ति की विजय, विभाजन पर एकता की विजय, अज्ञान पर ज्ञान की विजय। जब समाज के जीवन में भगवती के गुण उतरते हैं, तभी भगवती राज स्थापित होता है।

राज बगला सेवक का अंतिम लक्ष्य इसलिए केवल अपना उत्थान नहीं, बल्कि राष्ट्र उत्थान है। वह जानता है कि यदि भारत उठेगा, तो करोड़ों जीवन उठेंगे। यदि भारत प्रकाशमान होगा, तो संसार दिशा पाएगा।

इसलिए सेवक का संकल्प है:
नाम जप करेंगे
सेवा करेंगे
समाज को जोड़ेंगे
भारत को स्वच्छ बनाएँगे
ज्ञान फैलाएँगे
स्त्री सम्मान बढ़ाएँगे
युवाओं को जागृत करेंगे
धर्म और करुणा दोनों साथ चलाएँगे
तब एक दिन लोग कहेंगे—
यह केवल देश नहीं, यह चेतना है।
यह केवल भूमि नहीं, यह तीर्थ है।
यह केवल राष्ट्र नहीं, यह मणिद्वीप का प्रतिबिंब है।

अंततः हर सेवक को स्मरण रखना चाहिए—
हम यहाँ केवल जीने नहीं आए,
हम यहाँ निर्माण करने आए हैं।

हमारा अंतिम लक्ष्य है—
भगवती राज कायम करके भारत को मणिद्वीप बनाना।

और जिस दिन यह संकल्प जन-जन के हृदय में जाग जाएगा, उस दिन इतिहास नया अध्याय लिखेगा।

सनातन एकत्रीकरण महाअभियान

समय आ गया है कि हम केवल अपने गौरवशाली अतीत का स्मरण न करें, बल्कि उसके ज्ञान को भविष्य की शक्ति में बदलें। समय आ गया है कि सनातन केवल मंदिरों, ग्रंथों और स्मृतियों तक सीमित न रहे, बल्कि नई पीढ़ी के जीवन का जीवंत मार्गदर्शक बने। समय आ गया है कि हमारी सभ्यता केवल इतिहास न रहे—वह फिर से जागृत होकर विश्व को दिशा दे।

इसी उद्देश्य से सनातन एकत्रीकरण महाअभियान प्रारम्भ होता है। यह किसी व्यक्ति, संगठन या सीमित समूह का अभियान नहीं है। यह उन सभी का आह्वान है जो चाहते हैं कि सनातन ज्ञान सुरक्षित रहे, आधुनिक युग में पहुँचे, और हर घर तक सरलता से पहुँचे।

सनातन ज्ञान की रक्षा – हमारी पहली प्रतिज्ञा

हजारों वर्षों से हमारे ऋषियों, संतों और महापुरुषों ने जो अमूल्य ज्ञान दिया, वह केवल पुस्तकों में बंद रहने के लिए नहीं है। वह मानवता की धरोहर है।

इस अभियान का प्रथम कार्य होगा—

वेद, उपनिषद, पुराण, रामायण, महाभारत, गीता, तंत्र, स्तोत्र, स्मृतियाँ, दर्शन ग्रंथ, संत वाणी—सभी का संरक्षण।

दुर्लभ पांडुलिपियों का डिजिटलीकरण।

पुराने ग्रंथों का पुनर्मुद्रण।

नष्ट होते ज्ञान को सुरक्षित संग्रहालयों और डिजिटल भंडारों में संरक्षित करना।

संस्कृत, प्राकृत, हिंदी और अन्य भाषाओं के विद्वानों द्वारा शुद्ध संस्करण तैयार करना।

ताकि आने वाली पीढ़ियाँ ज्ञान से वंचित न हों।

हर ग्रंथ सबके लिए सुलभ होगा

ज्ञान यदि तिजोरी में बंद हो जाए, तो समाज अंधकार में चला जाता है।

इसलिए यह अभियान सुनिश्चित करेगा कि हर ग्रंथ हर व्यक्ति तक पहुँचेः

मोबाइल ऐप पर निःशुल्क पढ़ने की सुविधा

सरल हिंदी, अंग्रेज़ी और अनेक भाषाओं में अनुवाद

ऑडियोबुक रूप में उपलब्धता

बच्चों के लिए सरल संस्करण

युवाओं के लिए practical life editions

searchable digital library

प्रश्नोत्तर आधारित AI ज्ञान सहायक

गाँव का विद्यार्थी हो या विदेश का युवा—हर किसी तक सनातन पहुँचेगा।

हर ग्रंथ की 3D और Animated प्रस्तुति

नई पीढ़ी केवल पढ़ना नहीं, देखना और अनुभव करना चाहती है। इसलिए हम सनातन को आधुनिक दृश्य भाषा देंगे।

रामायण की cinematic 3D series

महाभारत की grand animated कथा

देवी भागवत और पुराणों की visual stories

उपनिषदों की concept films

गीता के श्लोकों की motion explanations

बच्चों के लिए mythological universe content

मंदिरों और तीर्थों के virtual darshan

ऋषियों और संतों के जीवन पर documentaries

जिस ज्ञान को लोग कठिन समझते थे, वह अब आकर्षक, जीवंत और प्रेरक रूप में सामने आएगा।

शिक्षा और चरित्र निर्माण

यह अभियान केवल धार्मिक जानकारी नहीं देगा, बल्कि जीवन निर्माण करेगा।

गीता से निर्णय शक्ति

रामायण से चरित्र

महाभारत से नीति

उपनिषद से आत्मज्ञान

योग से संतुलन

आयुर्वेद से स्वास्थ्य

सेवा से करुणा

विद्यालयों, कॉलेजों और ऑनलाइन मंचों पर courses चलेंगे।

सेवा ही सनातन का प्राण है

जहाँ भूखा है, वहाँ भोजन पहुँचेगा।

जहाँ विद्यार्थी है, वहाँ पुस्तक पहुँचेगी।

जहाँ रोगी है, वहाँ सहायता पहुँचेगी।

जहाँ प्रदूषण है, वहाँ वृक्ष लगेंगे।
जहाँ निराशा है, वहाँ प्रेरणा पहुँचेगी।

भोजन सेवा, रक्तदान, वृक्षारोपण, नदी सफाई, छात्रवृत्ति, कौशल प्रशिक्षण—सब इस अभियान का अंग होंगे।

युवा शक्ति जागरण

देशभर में युवा मंडल बनेंगे जहाँ:

नेतृत्व प्रशिक्षण

वक्तृत्व कला

फिटनेस और अनुशासन

entrepreneurship guidance

media creation skills

राष्ट्रसेवा projects

युवा केवल नौकरी खोजने वाले नहीं, समाज बदलने वाले बनेंगे।

मंदिरों को समाज निर्माण केंद्र बनाना

मंदिर केवल दर्शन का स्थान नहीं, दिशा का स्थान होंगे।

वहाँ:

पुस्तकालय

संस्कार कक्षाएँ

योग केंद्र

सेवा समन्वय

career guidance

परिवार counseling

cultural events

चालू होंगे।

कौन जुड़े?

जो अपनी जड़ों से प्रेम करता है।
जो चाहता है कि बच्चे संस्कारी हों।
जो आधुनिकता और परंपरा को साथ देखना चाहता है।
जो सेवा करना चाहता है।
जो चाहता है कि सनातन भविष्य का नेतृत्व करे।

हम क्या माँगते हैं?

धन से पहले समय।
नारे से पहले चरित्र।
वाद-विवाद से पहले सेवा।
आलोचना से पहले योगदान।

रोज़ एक घंटा समाज के लिए।
एक कौशल राष्ट्र के लिए।
एक संकल्प संस्कृति के लिए।

अंतिम आह्वान

यदि तुम चाहते हो कि वेद केवल पुस्तकालय में न रहें,
गीता केवल अलमारी में न रहे,
रामायण केवल कथा न रहे,
महाभारत केवल युद्ध न रहे,
बल्कि यह सब फिर से जीवित होकर जन-जन तक पहुँचे—

तो उठो। जुड़ो। निर्माण करो।

आने वाला युग उन्हीं का होगा जो अपनी जड़ों को बचाकर भविष्य बनाते हैं।

सनातन एकत्रीकरण महाअभियान तुम्हें पुकार रहा है।

अंतिम शब्द

यदि तुम यहाँ तक पहुँचे हो, तो इसका अर्थ है कि तुम्हारे भीतर अभी भी कुछ जीवित है।

कुछ ऐसा जो केवल सामान्य जीवन से संतुष्ट नहीं है।

कुछ ऐसा जो पूछता है—क्या जीवन केवल अपने लिए जीने का नाम है?

कुछ ऐसा जो चाहता है कि इस धरती पर आने का कोई अर्थ हो।

यही बेचैनी तुम्हारी शक्ति है।

बहुत लोग जीते हैं, पर जागते नहीं।
बहुत लोग कमाते हैं, पर बनाते नहीं।
बहुत लोग भीड़ में चलते हैं, पर दिशा नहीं बनते।

तुम्हें तय करना है कि तुम किस प्रकार का जीवन जियोगे।

क्या तुम समय काटोगे?
या समय बदलोगे?

क्या तुम केवल अपना घर भरोगे?
या अनेक घरों में प्रकाश ले जाओगे?

क्या तुम केवल सफलता चाहोगे?
या महत्व भी कमाओगे?

याद रखो—

धन कमाना अच्छा है,
पर चरित्र खोकर नहीं।

शक्ति पाना अच्छा है,
पर करुणा छोड़कर नहीं।

प्रसिद्धि पाना अच्छा है,
पर सत्य बेचकर नहीं।

समृद्ध होना अच्छा है,
पर समाज भूलकर नहीं।

जीवन का सर्वोच्च रूप वह है,
जहाँ मनुष्य स्वयं उठता है और दूसरों को भी उठाता है।

यदि तुमने अपने परिवार को ऊपर उठाया—तुम सफल हो।
यदि तुमने कुछ लोगों का दुःख कम किया—तुम महान हो।

यदि तुमने समाज को दिशा दी—तुम स्मरणीय हो।
यदि तुमने युग को छुआ—तुम अमर हो।

इस पुस्तक का उद्देश्य तुम्हें प्रभावित करना नहीं था।
तुम्हें जगाना था।

अब निर्णय तुम्हारा है।

इन शब्दों को बंद करके भूल जाओ,
या इन्हें अपने जीवन का ईंधन बना लो।

यदि तुम छोटे-छोटे कर्म रोज़ करोगे,
तो एक दिन बड़ा परिवर्तन तुम्हारे नाम से जुड़ सकता है।

एक पेड़ लगाओ।
एक भूखे को खिलाओ।
एक बच्चे को पढ़ाओ।
एक परिवार को संभालो।
एक विचार फैलाओ।
एक अनुशासित जीवन जियो।

इतिहास हमेशा बड़े अवसरों से नहीं बनता।
वह छोटे निरंतर कर्मों से बनता है।

और अंत में—

जब तुम्हारा जीवन समाप्ति की ओर जाए,
तो तुम्हें यह न लगे कि तुम केवल आए और चले गए।

तुम्हें यह महसूस हो—

मैं जिया।
मैं लड़ा।
मैं बना।
मैंने कुछ बदला।
मैंने कुछ लोगों के जीवन में प्रकाश छोड़ा।

यदि ऐसा हुआ, तो तुम्हारा जीवन सफल है।

उठो।
चलो।
और अपने जीवन को इतना सार्थक बनाओ कि समय भी तुम्हें याद रखे।

अंतिम बात – इस समस्त ग्रंथ का सार

यदि इस संपूर्ण पुस्तक को एक वाक्य में समेटना हो, तो वह यह होगा—जागो, स्वयं को बदलो, समाज को उठाओ, और दिव्यता के मार्ग पर चलो।

यह पुस्तक केवल शब्दों का संग्रह नहीं थी, यह एक पुकार थी। उस व्यक्ति के लिए पुकार जो भीतर से बेचैन है, जिसे लगता है कि जीवन केवल खाना, कमाना, सोना और समाप्त हो जाना नहीं हो सकता। यह उस युवा के लिए पुकार थी जो देख रहा है कि समाज में समस्याएँ हैं, परंतु अभी भी समाधान संभव है। यह उस साधक के लिए पुकार थी जो जानता है कि बिना भीतर की शक्ति के बाहर का परिवर्तन अधूरा है।

तुमने इस ग्रंथ में बारह कार्यों की चर्चा सुनी—पर्यावरण, जल, भूख, शिक्षा, कौशल, स्वास्थ्य, स्वच्छता, स्त्री सम्मान, जीव सेवा, सामाजिक एकता, आध्यात्मिक जागरण और संस्कृति रक्षा। इन सबका मूल एक ही है—मानव चेतना को जगाना।

जब मनुष्य जागता है, तो पेड़ लगते हैं।
जब मनुष्य जागता है, तो भूखे को भोजन मिलता है।
जब मनुष्य जागता है, तो नदियाँ बचती हैं।
जब मनुष्य जागता है, तो समाज जुड़ता है।
जब मनुष्य जागता है, तो धर्म जीवित होता है।

इसलिए असली युद्ध बाहर नहीं, भीतर है।

अज्ञान से ज्ञान की ओर जाना है।
भय से निर्भयता की ओर जाना है।
लोभ से सेवा की ओर जाना है।
आलस्य से कर्म की ओर जाना है।
घृणा से एकता की ओर जाना है।

यही इस पुस्तक का मूल संदेश है।

धन कमाओ, पर धन के दास मत बनो।
परिवार संभालो, पर समाज को मत भूलो।
सफल बनो, पर चरित्र से गिरो मत।
साधना करो, पर संसार से भागो मत।
सेवा करो, पर अहंकार मत पालो।

याद रखो—राज्य बदलने से पहले व्यक्ति बदलता है।
व्यक्ति बदलने से पहले विचार बदलता है।
विचार बदलने से पहले जागरण होता है।

यदि तुमने यह पुस्तक पढ़कर केवल प्रेरणा ली और कुछ न किया, तो यह आधी रही।

यदि तुमने अपने जीवन में एक भी परिवर्तन किया, तो यह सफल हुई।

यदि तुमने सौ लोगों का जीवन छुआ, तो यह जीवित हो गई।

यदि तुमने पीढ़ियों को दिशा दी, तो यह अमर हो गई।

भगवती राज का अर्थ किसी सिंहासन का राज नहीं, बल्कि ऐसा समाज है जहाँ—

न्याय हो
सेवा हो
स्त्री सम्मान हो
प्रकृति सुरक्षित हो
युवा जागृत हों
धर्म जीवित हो
धन साधन हो
और मनुष्य भीतर से स्वतंत्र हो

अब यह पुस्तक समाप्त नहीं होती—अब यह तुम्हारे हाथों में शुरू होती है।

तुम जहाँ हो, वहीं से आरम्भ करो।

अपने घर से, अपने शरीर से, अपने मन से, अपने मोहल्ले से, अपने कर्म से।

छोटा कदम भी महान होता है यदि वह सही दिशा में हो।

और अंत में बस इतना—

नाम लो, काम करो, सत्य पर चलो, निर्भय रहो, सबका कल्याण चाहो, और ऐसा जीवन जियो कि तुम्हारे जाने के बाद भी तुम्हारा प्रकाश बना रहे।

— विट्ठल कुमार ओझा

www.ingramcontent.com/pod-product-compliance
Lightning Source LLC
LaVergne TN
LVHW100306210926
848480LV00003B/1032